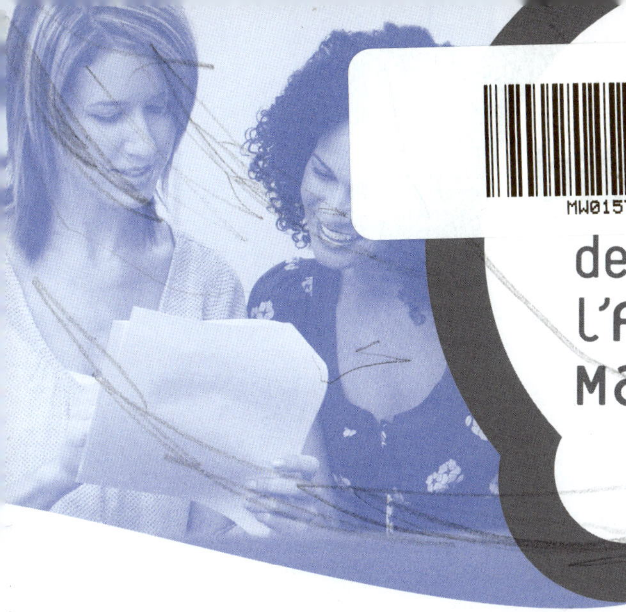

e
de
l'assistante
maternelle

La communication professionnelle
de l'assistante maternelle

Yvette Dellac
Éducatrice jeunes enfants - Formatrice auprès des assistantes maternelles

Virginie Pépin
Infirmière-Puéricultrice - Cadre formateur auprès de publics paramédicaux et d'assistantes maternelles

Catherine Doublet
Directrice de collection
Rédactrice en chef de la revue *l'Assmat*

Vuibert
L'assmat

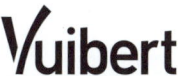

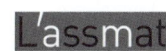

Coordination éditoriale : IMAGINEMOS – Jean GOMEZ
Illustrations : Louise MEZEL
Iconographie : Virginie DAUVET
Conception de couverture : Nathalie DUDEK
Réalisation : Linéale Production

Sommaire

Préface   5
Introduction   7

Partie 1 | Généralités sur la communication
Fiche	1	Pourquoi communiquer ?	11
Fiche	2	Schéma de la communication	17
Fiche	3	La communication verbale	21
Fiche	4	La communication non verbale	25
Fiche	5	Les obstacles à la communication	33

Partie 2 | Les premiers contacts
Fiche	6	Se faire connaître	39
Fiche	7	L'entretien téléphonique	43
Fiche	8	La première rencontre	49
Fiche	9	Le projet d'accueil	57
Fiche	10	Le contrat de travail	63

Partie 3 | Les échanges avec la famille
Fiche	11	La période d'adaptation	71
Fiche	12	La communication au quotidien	75
Fiche	13	Les supports de transmissions	81
Fiche	14	Les échanges avec l'enfant au cours de la journée	87
Fiche	15	Gérer des situations délicates	93

Partie 4 | La communication avec les partenaires
Fiche	16	Le service de PMI	103
Fiche	17	Le relais assistantes maternelles	107
Fiche	18	Associations et syndicats	111
Fiche	19	Ludothèque, médiathèque, lieux d'accueil parents-enfants	113

Conclusion   117
Lexique   119
Bibliographie   121

PRÉFACE

Des ouvrages dédiés aux assistantes maternelles

Depuis longtemps, les assistantes maternelles expriment le souhait de disposer d'ouvrages techniques professionnels conçus pour elles. Car, si souvent les problématiques sont abordées dans des publications, ces dernières ne sont pas adaptées ; les assistantes maternelles, professionnelles de la petite enfance, y trouvent certes des informations, mais bien souvent cela ne répond pas à leurs exigences ; par exemple, les livres qui traitent de puériculture sont la plupart du temps destinés aux parents, qui plus est « débutants » ou alors ils s'adressent aux professions médicales et paramédicales.

C'est pour répondre à cette demande d'ouvrages correspondant à leurs besoins professionnels que Vuibert, en collaboration avec L'assmat, a conçu « La Bibliothèque de l'assistante maternelle ».
Sans négliger, chaque fois que cela sera nécessaire, la théorie, ces livres se veulent pratiques et apportent des réponses concrètes et immédiatement exploitables face à une situation donnée. Pour cela, nous avons retenu une organisation par fiche dont le contenu est structuré et illustré. Ces fiches sont organisées en parties se rapportant à des questionnements très précis. Le tout avec rigueur et pédagogie, conforme à la ligne rédactionnelle de L'assmat qui accompagne depuis près de dix ans les assistantes maternelles dans leurs relations professionnelles.

Tous les thèmes ont vocation à être traités, qu'il s'agisse des problématiques autour de l'accueil de l'enfant, de son développement ou du positionnement professionnel de l'assistante maternelle. Les auteurs sont choisis en raison de leurs compétences professionnelles et de leur bonne connaissance de la profession d'assistante maternelle.

Trois ouvrages sont d'ores et déjà disponibles :
– L'alimentation du nouveau-né à l'enfant de trois ans. Son auteur, Françoise Mosser, nutritionniste à l'hôpital Necker-Enfants malades, s'est adjoint la collaboration de Sabine Malivoir, psychologue, pour apporter un éclairage sur les situations délicates.
– Le développement et la santé de l'enfant de 0 à 6 ans, par Isabelle Petit, cadre de santé à Robert Debré.

– La communication professionnelle, par Yvette Dellac – éducatrice de jeunes enfants – et Virginie Pépin – infirmière-puéricultrice –, et qui sont toutes deux formatrices à Toulouse auprès d'assistantes maternelles.

D'autres viendront, autour des soins à apporter à l'enfant, des risques et de la sécurité, du jeu…, avec, à terme, une ambition, couvrir l'ensemble de votre champ professionnel.

Catherine Doublet
Directrice de collection
Rédacteur en chef de L'assmat

INTRODUCTION

Le thème de la communication est un sujet d'actualité qui concerne autant le domaine privé que professionnel. De nombreux livres, médias, abondent sur ce thème, dispensant conseils et recettes pour remédier aux problèmes de communication. Par ailleurs, les sessions de développement personnel sont nombreuses, si bien qu'il est parfois difficile de se repérer dans cette multitude d'informations.

Mais qu'en est-il pour l'assistante maternelle ? Ce métier relationnel se fonde sur le langage parlé à travers les échanges avec l'enfant, sa famille et les différents partenaires et il s'appuie aussi sur l'écriture. Comment l'assistante maternelle peut-elle se situer professionnellement dans la communication ? Comment peut-elle améliorer sa communication au quotidien dans le cadre de son activité professionnelle ?

À travers nos parcours professionnels respectifs, nous avons repéré que les questions d'ordre relationnel avec les familles sont de réels sujets de préoccupation. Trois raisons principales peuvent être avancées :
– le métier d'assistante maternelle comporte une formation initiale courte ;
– l'isolement géographique et professionnel ne permet pas de trouver des solutions collectives qui feraient suite à une réflexion commune ;
– les limites entre l'espace professionnel et l'espace privé peuvent être difficiles à déterminer.

De plus, il est bon de se rappeler que les échanges entre professionnelles ou avec les familles ne peuvent s'envisager autrement que dans le cadre de l'obligation du respect de la discrétion professionnelle : une exigence liée à la profession d'assistante maternelle.

Pour tenter de répondre aux questionnements des assistantes maternelles, nous aborderons dans une première partie des éléments de compréhension du mécanisme de la communication et ses freins.

Étant entendu que chaque parent, chaque enfant est singulier, l'assistante maternelle sera nécessairement amenée à s'ajuster de façon permanente.
C'est pour cela que, dans les parties deux et trois, nous avons pris le parti d'aborder la question de la communication sous l'angle de pistes de réflexion

au positionnement professionnel plutôt que sous celui de réponses « toutes faites », de techniques qui ne pourraient s'appliquer comme une recette à toutes les familles, car cela n'aurait pas de sens.

Enfin, pouvant se sentir parfois esseulée, l'assistante maternelle trouvera dans la dernière partie de possibles partenaires en fonction des ressources locales, afin de pallier à un isolement qui peut parfois peser.

Partie 1

Généralités sur la communication

FICHE 1 — POURQUOI COMMUNIQUER ?

But : *Connaître l'évolution de la communication de la naissance à l'âge adulte.*

L'être humain est un être relationnel qui communique très tôt. Dès sa naissance, le bébé va chercher à entrer en communication avec son entourage par différents modes d'expression. Parallèlement se développera peu à peu le langage : une forme de communication très élaborée – rendant compte de la maturation de l'enfant – qui va se complexifier au fur et à mesure que l'enfant grandira et s'enrichir y compris à l'âge adulte.

1 Les modes d'expression avant le langage

De multiples expériences ont cherché à mettre en évidence les modes de communication du bébé avec son entourage. Majoritairement, ce sont les échanges avec la mère qui ont été étudiés. Que peut-on en retenir ? Le nouveau-né manifeste une attirance vers les « stimulations sociales », c'est-à-dire produites par les humains. Tous les sens du bébé sont en éveil et sont sollicités.
Avant d'acquérir le langage, le bébé est capable de s'exprimer, de faire comprendre ses besoins de plusieurs façons, mais aussi de comprendre peu à peu le monde qui l'entoure.

A. Le regard

Dès les premières minutes de sa vie, le bébé réagit au visage humain et le préfère aux autres objets ; le nouveau-né est capable de concentrer son regard un certain temps, à condition que son interlocuteur soit suffisamment proche physiquement.

B. L'ouïe

L'attention du bébé est portée sur la voix par rapport à d'autres sons, et plus particulièrement lorsqu'elle est modulée par des intonations. Ainsi le bébé sera réceptif et sensible à la façon dont on lui parle, aux berceuses…

C. L'odorat

Le nouveau-né reconnaît l'odeur de sa mère dès la naissance.

D. Le toucher

La communication se nourrit d'échanges corporels : portage, bercements, contacts au cours du bain, du change, de l'allaitement maternel, de la prise d'un biberon… Autant de situations qui permettront aux bébés de découvrir peu à peu leur propre corps, leurs propres limites.

E. Les expressions faciales

Lors des premières semaines, les expressions faciales peuvent être :
– la reproduction de ce que le bébé observe autour de lui ; des expériences ont montré comment un bébé à qui on tire la langue tirera à son tour la langue à son interlocuteur ;
– des expressions non maîtrisées et sans lien avec un ressenti, par exemple le sourire « aux anges ». Au bout de quelques mois, le jeune enfant observera son interlocuteur, créera un lien, et reproduira l'expression, le son…

Par la suite, le bébé adaptera ses expressions faciales aux émotions qu'il ressent : colère, joie, inquiétude, mal-être, plénitude…

Exemple : le sourire
Si, dans un premier temps, le nouveau-né a des sourires réflexes (qui ne sont pas une réponse à une stimulation), très vite, vers trois mois, apparaît le sourire « social » : l'enfant sourit à ses parents.

F. Les pleurs

Très souvent compris comme signes de faim, ils peuvent exprimer bien d'autres choses telles que le sommeil, la fatigue, l'inconfort d'une couche sale, d'une position, une peur, une douleur. Les parents, tout comme l'assistante maternelle, par l'attention qu'ils portent au bébé, apprendront peu à peu à décoder les pleurs et à les reconnaître afin de répondre aux réels besoins du nouveau-né et ainsi adopter une attitude adéquate.

G. Les gestes et postures

L'observation des gestes et postures de l'enfant permettra de mieux le comprendre, le connaître et répondre à ses besoins.

Exemples

❶ Justine, 8 mois, découvre aujourd'hui un nouvel aliment : la soupe de haricots verts. Elle n'aime ni la texture ni le goût et le fait savoir. Elle fait la grimace, se détourne et pousse avec sa main la cuillère de soupe que lui propose sa mère. Devant l'insistance de celle-ci, Justine se met à pleurer et recrache ce qu'elle a dans la bouche.

Par son attitude, Justine exprime qu'elle n'aime pas cette soupe, et qu'elle n'en mangera plus.

❷ Paul, 6 mois, joue tranquillement à plat ventre sur le tapis chez son assistante maternelle. Lorsqu'il entend la voix de sa mère, il s'arrête immédiatement de jouer, la cherche du regard et agite bras et pieds. Il sourit, pousse de petits cris de contentement jusqu'à ce que sa mère le prenne dans ses bras. Il se blottit contre elle et lui caresse le visage de ses petites mains.

Bien que très concentré dans son jeu, à l'écoute de la voix de sa mère, Paul manifeste de tout son corps son contentement de la retrouver.

❷ La naissance du langage : quelques repères

Pour apprendre à parler, le bébé se nourrit du langage de son entourage social.
En se développant, le langage se divise en deux périodes :
– le langage pré-linguistique, de la naissance à 10-12 mois ;
– le langage linguistique, à partir de 10-12 mois.

Langage pré-linguistique Non intentionnel	De la naissance à 2 mois	Les **vagissements***, cris, pleurs, productions vocales non maîtrisées par l'enfant.
	3/4 mois	Vocalises, gazouillis (areuh, ague), rires ; le bébé joue avec sa voix. Avec la maturation de l'**organe vocal***, début des variations dans la hauteur et l'intensité de la voix.
	5/6 mois	**Lallation***, babillage (pa, ma, ta), début de l'imitation des sons entendus.
	7/8 mois	Monosyllabes : da, pa, ma, ba
	Vers 9/10 mois	Syllabes redoublées : papa, mama, tata… Accompagne le mot du geste (au revoir…). Les caractéristiques de la langue maternelle se distinguent (différents babillages ont pu être observés d'une langue à l'autre).
Langage linguistique Intentionnel	11/12 mois	Langage utilisé de façon intentionnelle (papa, mama, dodo…). Mot phrase : c'est un mot significatif qui à lui seul résume toute une phrase. Seule l'intonation permet d'en comprendre le sens (exemple : auto papa peut vouloir dire « papa est parti en auto » ou « c'est l'auto de papa »).
	18 mois	Possède environ 50 mots.
	2 ans	Dit son prénom. Fait de courtes phrases en associant 2 à 3 mots.
	3 ans	S'exprime par des phrases. Pose des questions (« pourquoi le ciel est bleu ? »). Utilise le « je » et le « moi ».
	4 ans	Parle sans erreurs grammaticales ou syntaxiques sérieuses.

Bien sûr, il s'agit de repères. Chaque enfant est singulier, tout comme son évolution.

Attention !

Pour parler, l'enfant doit :
- entendre (l'enfant sourd babille spontanément, ce n'est que vers six mois qu'il stoppe ses **jeux phonatoires***, car il ne perçoit pas de réponse de sa mère) ;
- assimiler des mots et leur donner du sens (intégrité cérébrale et intellectuelle) ;
- être stimulé : le langage ne saurait se mettre en place sans interactions, stimulations du bébé avec son entourage (mère, père, assistante maternelle…)…

L'attention, la bienveillance et la reconnaissance de l'adulte à son égard ne pourront que développer chez l'enfant un désir d'accéder au langage.

Le langage évolue au cours de la petite enfance sur différents plans :
– phonétique ;
– **lexical*** ;
– **syntaxique***.
Peu à peu l'enfant, grâce à la communication, va s'ouvrir au monde qui l'entoure avec les adultes et ses pairs.
L'adulte qu'il sera communiquera lui aussi. Ainsi, il entrera en relation, pourra partager ses émotions, ses sentiments, ses expériences et ses idées.

L'essentiel à retenir !

Prendre conscience de l'importance du regard, du face-à-face, des mimiques, de l'odorat, du toucher, comme des outils de communication avec l'enfant doit amener à être particulièrement attentif à la qualité de ces échanges dans les moments de la vie quotidienne et à multiplier les occasions d'échanges et les situations relationnelles.

Cette communication non verbale est la première étape du processus qui mène à l'acquisition du langage préverbal, puis verbal.

FICHE 2 — SCHÉMA DE LA COMMUNICATION

But : *Comprendre le mécanisme d'une communication.*

La communication constitue la base des rapports sociaux. Ainsi, elle permet d'établir et de maintenir le lien avec autrui.
La communication permettra de transmettre une information, un message, d'exprimer une émotion, un sentiment… On pourra recourir à plusieurs moyens tels que le langage, la gestuelle, les images, le dessin…

1 Les processus de la communication

Le mécanisme de la communication peut se symboliser par le schéma ci-dessous.

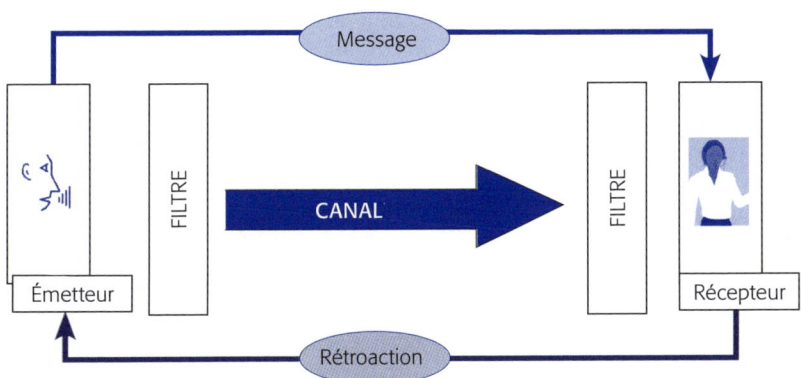

Toute communication, qu'elle soit écrite ou orale, repose sur :
– Un émetteur, celui qui envoie le message.
– Un récepteur, celui à qui le message est destiné.
– Un message, l'information échangée entre un ou plusieurs individus.
– Un canal moyen, permettant la transmission de l'information. Ce peut être écrit (lettre, cahier de transmission, dessin…) ou oral (parlé, chanté…).
– La rétroaction (ou *feedback*), le récepteur donne une réponse à l'émetteur et ainsi devient à son tour émetteur. Ce processus s'appelle la rétroaction.
– Des filtres ; le filtre personnel représente le vécu, les expériences de la personne, les *a priori*… En effet, l'émetteur et le récepteur envoient ou reçoivent un message en fonction de ce qu'ils savent, ce qu'ils sont, et de leur expérience propre.

Exemples

❶ La mère d'Émeline, 12 mois, échange avec la mère de Matéo, 15 mois :
– « Ah ! Ça y est, Matéo marche enfin ? dit la mère d'Émeline
– Pourquoi dites-vous « enfin », Matéo n'a que 15 mois ! » répond la mère de Matéo sur un ton sec.

Dans ce premier exemple, voyons ce qu'il se passe :
– L'émetteur : la mère d'Emeline ;
– Le récepteur : la mère de Matéo ;
– Les filtres : de part et d'autre, le filtre personnel de chaque mère est mis en jeu. La mère d'Émeline arrive avec certains a priori : sa fille a marché à 10 mois et ce sont les repères qu'elle a en tête. Par contre, la mère de Matéo, qui a un autre enfant handicapé celui-ci (5 ans et qui ne marchera pas) était fière de voir son fils marcher à l'âge de 15 mois. Chaque mère s'est exprimée de son point de vue avec son vécu, et peut être sans s'être non plus comprise.
– La rétroaction : c'est la réaction de la maman de Matéo qui fait office de rétroaction.

❷ Il est 15 heures. La mère de Lucas, 15 mois, et Auguste, 6 ans, qui vient habituellement chercher Lucas vers 16 heures appelle l'assistante maternelle.
– « Bonjour, c'est madame Laurent, la maman de Lucas. Je vous appelle, car je serai un peu en retard ce soir. Auguste est tombé dans la cour de l'école en jouant au foot avec ses copains. Il y en a un qui l'a poussé, alors… Je vais quand même l'amener chez le médecin. Ce n'est rien, mais il est un peu égratigné à la tête, alors je préfère qu'il soit vu… Je viens d'appeler et le médecin nous reçoit tout de suite. Merci et à plus tard…
– Au revoir… répond l'assistante maternelle. »
L'assistante maternelle est inquiète pour Auguste tout le reste de l'après-midi. Quand la mère arrive avec Auguste vers 16 h 45, elle est surprise de les voir arriver si tôt et de trouver Auguste en pleine forme !

Ce second exemple est un peu plus complexe que le précédent. On y retrouve de la même façon :
– L'émetteur, la mère de Lucas et Auguste.
– Le récepteur, l'assistante maternelle.
– Le canal : la transmission orale par téléphone.
Nous allons nous arrêter sur le filtre : ici, l'intervention de la mère est si longue et dense que l'assistante maternelle ne peut pas tout retenir, elle va sélectionner les informations. Seuls quelques mots retiennent son attention :
« chercher Lucas en retard », « Auguste », « tombé », « tête », « médecin ».
L'assistante maternelle s'est donc imaginé que la mère ne serait pas là avant

SCHÉMA DE LA COMMUNICATION

*19 heures, et qu'Auguste s'était gravement fait mal à la tête… Dans cette situation d'urgence, l'assistante maternelle ne demande pas de précisions (elle est prise au dépourvu). C'est **l'affect*** qui prend le dessus.*
On comprend donc l'importance de la clarté et de la concision du message émis par l'émetteur afin qu'il soit bien compris par le récepteur.

❸ Sur le cahier de liaison amené par le père, la mère écrit : « Je serai pressée ce soir, je viens plus tôt. Il faut qu'Arthur soit prêt. » L'assistante maternelle demande au père de lui préciser l'heure exacte du départ de l'enfant. Celui-ci ne la connaissant pas, l'assistante maternelle est obligée d'appeler la mère pour s'organiser.
Le manque de précision dans le message peut entraîner une demande de clarification du récepteur ou une interprétation.

L'essentiel à retenir !

Dans toute communication, il y a au moins un émetteur et un récepteur. La transmission du message se fait par l'intermédiaire du canal (écrit ou oral).
Chaque personne comprend et réagit au message en fonction de ce qu'elle est (filtre personnel) et éventuellement donne une réponse à l'émetteur (rétroaction).

FICHE 3 — COMMUNICATION VERBALE

But : *Connaître les principes fondamentaux de la communication verbale.*

Le langage est spécifique de l'être humain. Il est un des outils de la pensée : il permet d'exprimer par des mots une idée, un ressenti… il est un vecteur de la **fonction symbolique***.

La communication orale très utilisée dans nos sociétés modernes, car pratique et rapide, nécessite d'être d'accord sur les codes utilisés.

1 Transmettre un message

Le rôle de l'émetteur est de transmettre un message clair et pertinent afin de se faire comprendre par le récepteur.

Ainsi, le message transmis peut s'exprimer de trois façons différentes. Il peut s'agir de :
– faits ; ce sont des informations quantifiables, vérifiables ;
– sentiments ; ce sont des informations qui traduisent une émotion, un sentiment, une impression ;
– opinions ; ce sont des informations qui traduisent un jugement de valeur, une appréciation subjective.

Rester sur un mode de communication qui exprimerait des faits permet de délivrer un message objectif, afin d'éviter les jugements élaborés à partir d'éléments contestables, partiels, voire fondés à partir de ses propres sentiments.

Exemples

– Il n'écoute jamais rien ! : **opinion**.
– Cette assistante maternelle est bien, il faut la garder : **opinion**.
– J'apprécie beaucoup cet enfant : **sentiment**.
– Il est arrivé à 9 h 30 au lieu de 8 h : **fait**.
– Il a fait une bonne sieste : **opinion**.
– Elle a dormi deux heures cet après-midi : **fait**.
– Je suis déçue par son attitude : **sentiment**.

2 Respecter certains principes

Pour être efficace et compréhensible par le récepteur, l'émetteur doit respecter quelques principes.

▶ **Adapter son vocabulaire à son interlocuteur** : pour être compris, l'émetteur devra coder son langage de façon adaptée. Si ce n'est pas le cas, il y a peu de chance que l'information passe et que la communication se poursuive dans de bonnes conditions. Pour cela il faudra s'adapter au registre de la personne.
Il existe trois sortes de registres de langage.
– Le langage familier : expressions familières, voire argotiques.
Exemple : je suis crevée.
– Le langage courant : utilisé dans la vie de tous les jours.
Exemple : je suis fatiguée.
– Le langage soutenu : langage littéraire, professionnel.
– Exemple : je suis lasse.

▶ **Être concis** : la concision dans la communication permet d'aller à l'essentiel sans que le récepteur ne se perde dans les explications superflues et inutiles.

▶ **Être précis** : la précision sera d'autant plus importante qu'elle pourra éviter des malentendus. Le sens des mots peut varier selon les personnes, selon le contexte.

Exemple

Si l'assistante maternelle dit à la mère de Jonathan « *il n'a rien mangé à midi* », la mère peut interpréter de plusieurs façons cette affirmation :
– il a très peu mangé ;
– il n'a pas mangé du tout ;
– il a moins mangé que d'habitude.
Par contre, dire à la mère : « *Jonathan a mangé la moitié de son assiette de purée de carottes et un demi petit suisse. Il a refusé sa compote* » permet d'avoir une interprétation plus objective.

3 S'assurer que le message est bien compris

La conception d'un message passe par de nombreuses étapes complexes qu'il est important de repérer.

COMMUNICATION VERBALE

Lorsque l'émetteur envoie un message, il doit :
– le concevoir, c'est-à-dire penser au message qu'il veut transmettre, comment et à qui il va le transmettre ;
– le coder, c'est-à-dire mettre le message en forme par la parole, les mimiques, les intonations ;
– le transmettre.

Le récepteur, quant à lui, lorsqu'il recevra le message devra :
– le décoder, pour l'interpréter ;
– y répondre en envoyant un message à son tour (= rétroaction).

Emetteur   Récepteur

Au cours de ces différentes étapes, des informations peuvent être perdues, mal comprises, mal interprétées par le récepteur. Il est donc important de s'assurer que l'on s'est bien fait comprendre ou que l'on a bien compris ce que l'autre veut exprimer. Pour cela, il existe plusieurs solutions.

▶ **La reformulation** : il s'agit de redire avec ses propres mots ce que l'on a compris de ce que l'autre a dit ou ressenti : « *Si j'ai bien compris, vous êtes arrivé en retard et cela vous énerve ?* » C'est une opportunité pour l'émetteur de confirmer ou rectifier ce que le récepteur a compris.

▶ **Faire préciser le sens d'un mot :**
« *Je veux que ma fille soit autonome le plus vite possible.* »
« *Que veut dire pour vous « autonome » ?* »

Cette question permet de clarifier un terme et d'apprécier si le sens du mot est le même pour les deux interlocuteurs.

▶ **L'écho** : il permet de reprendre le ou les derniers mots utilisés lorsque l'on perçoit que l'autre n'est pas allé au bout ce qu'il avait à dire.
– « *Je pense que je ne pourrais pas travailler avec vous, nous sommes trop différents* »
– « *Différents ?* »
Cela permet à la personne d'aller plus loin dans ce qu'elle a à exprimer.

L'essentiel à retenir !

Les principes essentiels à respecter pour une communication verbale efficace sont :
– être le plus objectif possible (relater des faits) afin d'éviter les jugements, les généralités, les interprétations ;
– adapter son langage à son interlocuteur, être concis, précis ;
– clarifier en demandant des précisions lorsque les propos sont mal compris.

FICHE 4 — COMMUNICATION NON VERBALE

But : *Identifier les manifestations de la communication non verbale afin d'en comprendre et interpréter le sens.*

Nous venons de voir, dans la fiche 3, la communication verbale qui ne représente qu'une partie de la communication prise dans son ensemble. En effet, on sait que dans la communication :
– Les mots ne comptent que pour 15 à 20 %.
– Le verbal (intonation, timbre, rythme, **tessiture***…) pour 15 à 20 %.
– Le non-verbal représente tout le reste (60 à 70 %).

La communication non verbale, appelée aussi « paralangage », accompagne un message verbal et apporte un éclairage complémentaire.
Elle peut aussi permettre la communication entre personnes de langage différent. Par exemple un visage crispé qui exprime de la douleur ou un éclat de rire sera compris de tous au-delà des mots.
Cependant, ce langage non verbal n'est pas universel. Il se réfère à des codes, des cultures qui peuvent varier d'une personne à l'autre.

La communication non verbale prend en compte :
– l'espace interpersonnel ;
– l'expression faciale ou mimique ;
– le regard ;
– les gestes et posture ;
– l'apparence ;
– l'odeur ;
– le toucher.

1 L'espace interpersonnel

L'espace interpersonnel correspond à la distance physique qui sépare deux personnes en situation de communication. Elle est comprise comme une zone frontière servant de protection entre soi et les autres. Cet espace peut être défini comme l'espace le plus confortable pour une personne dans une situation de communication donnée.

L'anthropologue E.T. Hall a identifié quatre distances de base. Ces zones sont une moyenne : elles dépendent de chaque individu et des circonstances.

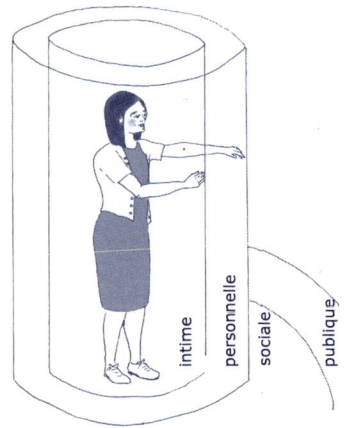

A. L'espace intime

C'est une zone d'environ cinquante centimètres autour de la personne. Seules les personnes très proches seront amenées à pénétrer dans cet espace intime : enfants, parents, conjoint, amis proches.

L'intrusion d'une personne n'étant pas intime dans cet espace pourra être vécue comme une agression et entraîner un mouvement de recul. Dans cette zone, la promiscuité permet : une vision fine des détails, un registre sonore faible, des odeurs facilement discernables et un toucher aisé.

B. L'espace privé

Cinquante centimètres à un mètre vingt est la distance idéale à respecter en société pour communiquer confortablement, par exemple dans les échanges entre l'assistante maternelle et les parents, ou avec d'autres collègues. Dans cette zone, la vision des détails est précise, le registre sonore est normal, il y a toujours la perception des odeurs.

C. L'espace social

C'est la distance acceptable (un mètre vingt à trois mètres cinquante) séparant deux personnes qui ne se connaissent pas. Cette distance permet de voir de façon précise la personne, mais dans son ensemble, le registre sonore est plus élevé, les odeurs sont moins facilement discernables.

D. L'espace public

C'est la distance qui sépare la personne qui s'adresse à un groupe ou un auditoire. Il débute à trois mètres cinquante. À cette distance, la personne est vue dans son ensemble, le registre sonore est élevé.

Cet espace personnel dépendra particulièrement de facteurs individuels qui prennent en compte le vécu, l'expérience, la culture… de chacun, mais aussi de l'âge de l'individu : chacun sait à quel point la proximité du jeune enfant avec sa mère est synonyme de sécurité.

Exemple

Les échanges entre l'assistante maternelle et la mère de Clément se font de façon très rapprochée, à l'initiative de la mère de Clément. Celle-ci a en effet un espace intime très réduit. L'assistante maternelle gênée par cette promiscuité recule. Pour elle, la mère de Clément pénètre dans son espace intime et la situation est très inconfortable.

2 L'expression faciale et les mimiques

Les expressions faciales ou mimiques sont les expressions du visage qui expriment des émotions : joie, surprise, dégoût, colère, peur, tristesse.
Les mimiques peuvent renforcer le message, ou encore le modifier, en changer la signification. Elles peuvent aussi, à elles seules, répondre au discours de l'interlocuteur, marquant des émotions, des opinions. N'étant pas toujours accompagnées de paroles, elles peuvent alors être interprétées.
Ainsi, on retrouvera des mimiques telles que le sourire, le froncement des sourcils, du front, le hochement de tête, le haussement des sourcils, qui compléteront le message verbal.

3 Le regard

Le regard est un support important de la communication entre individus : c'est par lui que l'individu existe, que l'attention est mobilisée et que la communication se crée. Mais pour que la communication se crée réellement, il faudra prendre soin de se placer bien en face de la personne, se mettre à la même hauteur qu'elle et la regarder droit dans les yeux.

Le regard touche à l'intimité de chacun, à la limite d'un contact physique : « Il m'a transpercé du regard », « Il me déshabille du regard ». Il peut aussi être un indicateur et traduire ce qui se joue dans la communication entre deux personnes.

Exemple

Parole d'une assistante maternelle : « *Le soir, quand je raconte au papa la journée de son enfant, son regard est fuyant, il est toujours orienté vers son enfant, ou tourné vers ce qu'il est en train de faire ... c'est à croire que ce que je dis ne l'intéresse pas...* »

L'assistante maternelle interprète ce regard comme le fait que son discours n'est pas intéressant pour le parent. C'est un point qui demandera à être vérifié.

Certaines expressions du regard vont donner des indications complémentaires sur l'intention du message envoyé, voire le renforcer. On peut retenir l'exemple du clin d'œil (qui peut indiquer que le message n'est pas à prendre au sérieux, que l'on veut créer une certaine complicité), le regard soutenu (qui peut signifier une intention hostile ou encore une insistance), le fait de lever les yeux au ciel, le regard panoramique (destiné à impliquer tous les interlocuteurs). Tous ces signes vont donner une indication sur l'intention de l'émetteur.

COMMUNICATION NON VERBALE

FICHE 4

> **Exemples**

❶ Pierre monte encore sur le canapé de l'assistante maternelle. Celle-ci s'accroupit face à lui, le regarde droit dans les yeux (*regard soutenu*) et lui dit : « Pierre, il est interdit de monter sur le canapé ! »
L'insistance du regard de l'assistante maternelle va appuyer son interdiction.

❷ Sylvie, animatrice du relais assistantes maternelles, anime une réunion. Lorsqu'elle s'adresse au groupe, elle balaie du regard toute l'assemblée (*regard panoramique)* : **chacun se sent concerné**.

4 Les gestes et postures

Les codes gestuels ne sont pas toujours simples à interpréter, car leur signification varie d'une culture à l'autre, d'une personne à l'autre. Cependant, la gestuelle représente plus de la moitié (55 %) du message oral.
Ainsi, certains signes tels que se gratter le crâne, mettre la main derrière la tête, peuvent être compris comme des signes d'hésitation, parfois d'opposition qui ne peut pas se dire. Se tortiller les cheveux peut être interprété comme de la timidité. De même, la façon de s'asseoir (dos droit, en bout de siège…), de marcher, de se tenir, peut en dire long sur l'état intérieur de la personne.

> **Exemple**

Madame Dupré vient rencontrer l'assistante maternelle en vue de signer le contrat. Elle est très inquiète à l'idée d'être obligée de laisser son bébé dans quelques semaines.

Lors de cet entretien, Madame Dupré est assise au bord du fauteuil, son corps est tendu, ses mains sont agrippées aux accoudoirs, elle croise et décroise sans cesse ses jambes. Son visage est crispé, elle fronce de temps à autre les sourcils, son regard est posé presque uniquement sur son bébé, elle parle très peu.

5 L'apparence

L'apparence correspond à l'allure générale d'une personne. C'est la première chose que nous voyons, que nous jugeons, que nous interprétons (consciemment ou non) : c'est un élément majeur des premières impressions que l'on a d'une personne.

La tenue vestimentaire, les accessoires, la coiffure, le maquillage, le parfum… sont autant d'indices qui renvoient consciemment ou inconsciemment au désir d'appartenance à un groupe ou de distinction d'un groupe.

Cependant, il ne faut pas toujours se fier aux apparences qui peuvent parfois être trompeuses…

6 L'odeur

Dès les premières heures, le nourrisson reconnaît sa mère par l'odeur qu'elle dégage. En constant contact avec l'adulte, l'odeur est un repère important pour le bébé.

Les odeurs corporelles peuvent être assimilées à l'hygiène corporelle. Certaines odeurs (parfums, transpiration…) peuvent déranger, d'autres peuvent être perçues comme agréables, sécurisantes (gâteau au four, parfums…).

7 Le toucher

Le toucher est chez le bébé le premier moyen de communication avec son parent qui va le porter, le caresser, l'embrasser, lui apporter de multiples soins.

La peau, organe du toucher, est aussi un organe sensoriel, un organe des émotions.

Ainsi pour le bébé, le toucher est un besoin indispensable et vital qui lui procure la sensation d'exister, d'avoir de l'importance, mais aussi qui lui permet de découvrir son **schéma corporel***. D'après de nombreuses expériences, la carence en toucher peut être nuisible à l'individu et l'enfant qui en est privé peut en souffrir toute sa vie.

Par conséquent, la façon dont l'assistante maternelle entrera physiquement en contact avec l'enfant sera importante. Mais le sens que chacun donne au toucher dépend étroitement de son vécu, de son éducation, de sa culture.

Toucher l'autre n'est donc pas neutre. Cela nécessite plusieurs précautions :
– Le respecter, c'est-à-dire le considérer comme une personne et non comme un objet.

COMMUNICATION NON VERBALE

– L'aborder de façon progressive, délicate et douce (le toucher implique que l'on rentre dans l'espace intime de la personne), après lui avoir expliqué ce qu'on allait lui faire (« *Juliette, je vais te prendre dans mes bras et aller changer ta couche* »).
– Faire de ces échanges des moments de plaisir, de détente (massage).
– Prendre en compte ses propres limites.

FICHE 4

ATTENTION !

Pour que la communication soit réussie et cohérente, il faut qu'il y ait concordance entre le message verbal et non verbal. Comment comprendre une maman qui dirait « Nous avons passé un très bon week end » si par ailleurs son visage est triste, qu'elle a le dos vouté, que son regard est fuyant ? L'interlocuteur aura tôt fait de repérer l'incohérence entre le « dire » et ce qui est exprimé par tout le reste du corps.

" - Hum, c'est bon, mange ! "

L'essentiel à retenir !

La communication non verbale donne des indications complémentaires et du sens à la communication verbale : elle complète le message verbal, elle aide à comprendre ce qui est dit. Cette communication non verbale repose sur :
– l'espace interpersonnel ;
– l'expression faciale, les mimiques ;
– le regard ;
– les gestes et postures ;
– l'apparence ;
– l'odeur ;
– le toucher.

FICHE 5 — LES OBSTACLES À LA COMMUNICATION

But : *Repérer les obstacles qui nuisent à une relation de qualité afin d'y remédier.*

Nous avons vu dans les fiches 3 et 4 que la communication comporte du verbal et du non verbal. Cependant, un certain nombre de facteurs peuvent également complexifier, brouiller la communication et parasiter les échanges.

1 Les freins environnementaux

A. Le bruit

Le bruit est le premier des parasites qui va empêcher un échange de qualité. Le message initial de l'émetteur sera alors altéré voire inaudible.
À votre domicile les nuisances sonores peuvent avoir plusieurs sources : la télévision, la radio, les pleurs du bébé, la musique enfantine en fond sonore… Cette ambiance bruyante à l'intensité plus ou moins importante va altérer la perception de la voix, et sera donc un parasite.

Exemple

Chez Mme Martin la radio est allumée toute la journée en fond sonore. « Je ne l'écoute pas forcément, mais c'est un bruit de fond que j'aime bien », explique-t-elle. Cependant, la voix de Mme Martin est couverte en partie par ce bruit de fond. Lorsqu'elle parle à Amélie, celle-ci n'entend parfois que des bribes de messages. De plus, cette ambiance sonore presque constante irrite et fatigue Amélie…

B. L'environnement

Le contexte dans lequel la communication s'effectue doit être choisi avec soin. Ainsi, un moment ou un endroit mal choisis ne vont pas permettre un échange de qualité.

Exemples

❶ Si vous souhaitez reparler du contrat avec les parents vous devrez évaluer le bon moment pour le faire : la veille d'un départ en vacances, par exemple, sera un moment inapproprié.

❷ Au cours d'un atelier peinture, demander des précisions sur une conférence sur l'alimentation à l'animatrice du **RAM*** ne sera pas judicieux :
– L'animatrice ne sera pas disponible pour y répondre de façon complète.
– Vous ne pourrez pas être complètement dans l'écoute car vous accompagnez en même temps l'enfant dans son activité.
– Et si ces échanges ont lieu, ce sera au détriment de l'enfant.

2 Les obstacles individuels

Parfois, les personnes ne peuvent pas se comprendre, car elles n'ont pas le même code ou elles interprètent le message différemment. L'histoire de chacun influence la communication : les valeurs personnelles et culturelles sont en jeu de manière consciente ou non lorsque nous échangeons.

A. Des valeurs personnelles différentes

Les valeurs véhiculées par l'éducation de chacun, la culture peuvent faire obstacle à la communication si elles ne peuvent pas être discutées ou si elles sont trop différentes.

Exemple

Au moment de la prise de contact entre la famille et l'assistante maternelle, le père explique qu'il veut que son enfant soit « bien éduqué ». L'assistant maternelle est spontanément d'accord sur le principe. Le temps passant, les exigences du papa se précisent : il veut absolument que son enfant dise bonjour et embrasse chaque matin l'assistante maternelle. Devant le refus de l'enfant, l'assistante maternelle précise que, pour elle, ce n'est pas grave alors que, pour le parent, c'est incontournable.
Visiblement, les points de vue sont si opposés qu'il y a incompréhension de part et d'autre. Prendre le temps d'échanger sur cette question sera bénéfique pour qu'il y ait une meilleure compréhension des attentes respectives.

LES OBSTACLES À LA COMMUNICATION

B. La culture et les préjugés

Les représentations que nous avons sur telle catégorie socio-professionnelle, telle origine culturelle, vont influencer nos attitudes, notre façon de communiquer.
Il sera donc important de ne pas généraliser à partir d'une seule situation, de ne pas juger trop hâtivement non plus.
Pour vous, prendre en compte les origines culturelles de la famille, c'est éviter un certain nombre de malentendus, voire d'interprétations erronées. Votre parole sera d'autant mieux perçue, puisqu'elle sera ancrée dans une culture, des habitudes de la famille.

Exemple

La mère de Nina, 8 mois, dit ce matin à l'assistante maternelle : « Ça y est, j'ai acheté un pot pour Nina. »
Devant cette situation, l'assistante maternelle peut réagir de deux façons :
– soit lui faire comprendre que ce n'est pas comme ça qu'il faut s'y prendre ;
– soit essayer de comprendre la raison qui a poussé cette maman à agir ainsi.
L'assistante maternelle a fait le second choix et en parlant avec cette maman (d'origine polonaise) a découvert que, dans sa culture, on éduquait au pot les enfants dès qu'ils se tenaient assis. L'assistante maternelle, tout en prenant en compte les arguments culturels, a pu accompagner cette maman dans une réflexion plutôt que de la juger.

3 La qualité du message

Nous l'avons vu dans la fiche précédente, la qualité du message (précision, concision, clarté) est importante. Un message trop long, incomplet, imprécis, inaccessible – vocabulaire inadapté, langue incomprise, confus, sera un obstacle à la communication.

CONSEILS DU PROFESSIONNEL

– Lorsque vous émettez un message, vous devez avoir une idée claire de ce que vous voulez communiquer.
– Vous adapterez le message à votre interlocuteur et vérifierez qu'il a bien compris (observation des réactions du récepteur, précisions de certains points…).
– L'ambiance dans laquelle se déroule la communication sera particulièrement soignée (calme).
– En tant que réceptrice, vous écouterez attentivement et n'hésiterez pas à vous assurer d'avoir bien saisi le sens du message (« Si j'ai bien compris, vous pensez que… »).

L'essentiel à retenir !

Les obstacles lors d'une communication sont de plusieurs ordres.
– Environnementaux : bruit, lieu, moment.
– Individuels : culture, préjugés, éducation.
– Qualité du message lui-même.

Partie 2

Les premiers contacts

FICHE 6   SE FAIRE CONNAÎTRE

But : *Comment se présenter pour susciter les premiers contacts avec les familles à la recherche d'un mode de garde.*

∎ Les moyens de communication

L'assistante maternelle qui est à la recherche d'une famille susceptible de lui confier son enfant doit informer qu'elle dispose d'une place d'accueil. Elle doit anticiper cette démarche afin de la rendre efficace et éviter ainsi des périodes de baisse d'activité.

Ses coordonnées, sauf opposition de sa part, seront diffusées sur la liste établie par le Conseil Général (voir Article D421-36 du Code de l'action sociale et des familles)

Par conséquent, la liste des assistantes maternelles peut être consultée par les familles :
– au service de protection maternelle et infantile (consultée sur place ou envoi direct) ;
– à la mairie, sous réserve de vérifier que la liste soit bien actualisée ;
– au relais assistantes maternelles (voir fiche 17) ;
– sur le site de la Caisse nationale des allocations familiales *www.mon-enfant.fr*

Pour aller plus loin dans la communication de ses disponibilités, l'assistante maternelle peut utiliser différents vecteurs et circuits de communication. L'un ou l'autre de ces réseaux va privilégier une communication verbale ou une communication écrite.

Elle choisira le ou les moyens qui lui correspondent le mieux ou qui lui semblent le plus appropriés.

FICHE 6

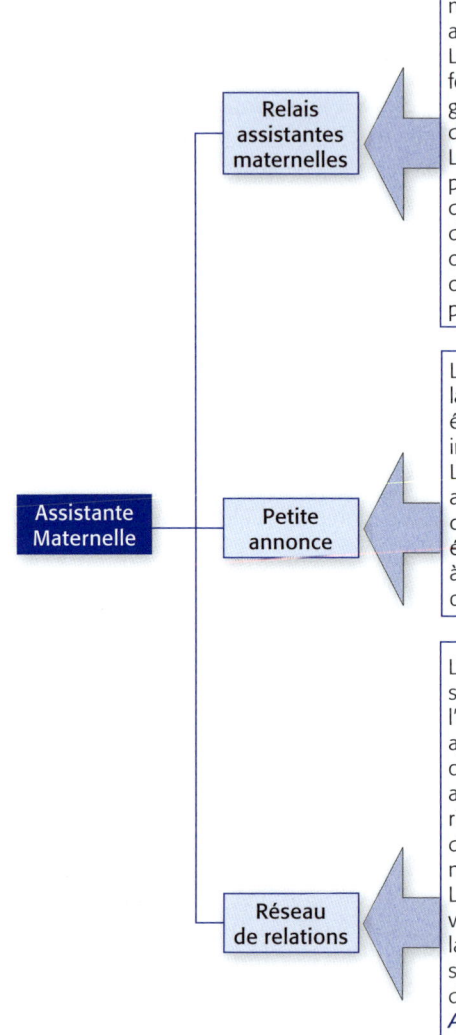

Assistante Maternelle → **Relais assistantes maternelles**

Dépositaire de la liste des assistantes maternelles, une de ses missions est la mise en relation entre les familles et les assistantes maternelles.
Les informations sont échangées sous forme verbale avec un professionnel, qui garde une part d'objectivité, dans un souci d'impartialité.
Le dialogue avec l'animatrice du relais peut permettre à l'assistante maternelle d'affiner ses attentes, de préciser sa disponibilité (*exemples* : comment concilier vie familiale et professionnelle, comment conjuguer des accueils en se projetant dans le temps).

Petite annonce

La diffusion de l'information s'effectue largement, car plusieurs réseaux peuvent être utilisés (commerces, mairies, sites internet, etc.)
L'utilisation du support écrit suppose d'être attentif à la forme du message et à son contenu (choix des mots, orthographe, éléments synthétiques). C'est ce message à lui seul qui suscitera la prise de contact ou pas par la famille.

Réseau de relations

L'assistante maternelle peut informer ses relations de ses disponibilités. Si l'entourage diffuse ces éléments en y ajoutant des appréciations personnelles, ou recommande l'assistante maternelle auprès de familles, le message initial risque d'être modifié. Entre alors une part de subjectivité, d'évaluation de l'assistante maternelle.
La position de l'assistante maternelle vis-à-vis des personnes qui ont orienté la famille peut être compliquée : se sentir redevable, obligée d'accepter une demande.
Attention : si l'assistante maternelle peut se sentir valorisée, elle doit néanmoins garder son libre arbitre, et savoir résister parfois à la pression d'une demande.

SE FAIRE CONNAÎTRE

2 En pratique

A. Communication avec le relais assistantes maternelles

Début mars, Mme Michel, assistante maternelle, informe l'animatrice du relais assistantes maternelles qu'elle aura une place disponible à compter de fin mai, mais qu'elle s'absentera ensuite de mi-juillet à mi-août, donc elle préfère afficher sa disponibilité pour un accueil à long terme à partir du mois de septembre. Peu de temps après, l'animatrice reçoit la demande d'une famille qui est à la recherche d'une assistante maternelle uniquement pour la durée du mois de juin. Les besoins de garde correspondent aux disponibilités de Mme Michel et l'animatrice transmet ses coordonnées à la famille. La mise en relation ainsi facilitée aboutira à une rencontre entre la famille et l'assistante maternelle.

B. Communication par petite annonce

Les exemples suivants illustrent ce que met en valeur l'assistante maternelle et sont destinés à attirer l'attention sur le choix des mots et le contenu d'une annonce

Exemples

❶ Bonjour, Je suis assistante maternelle agréée, et je recherche un bout'chou à garder à partir de…

❷ Assistante maternelle agréée, je dispose d'une place pour accueillir un enfant à partir de…

Commentaire
Dans la première phrase de ces deux exemples, les mots de chaque assistante maternelle sont différents dans la façon de solliciter les familles, sous forme de demande ❶ ou de proposition ❷. La forme de la proposition reste à privilégier.
– En donnant les dates de vos disponibilités « à partir de septembre », vous pouvez aussi préciser les jours et horaires d'accueil si des particularités existent « du lundi au samedi », « quatre jours/semaine sauf mercredi ».
– Le terme « bout'chou » a une connotation affective ; il fait référence à la relation maternelle, et il peut être perçu différemment selon les familles (rassurant, inquiétant, etc.).
– Le terme « enfant » marque une distance, un positionnement professionnel.

❸ « … J'habite dans une grande maison, calme, avec un grand jardin… »

Commentaire
Les conditions environnementales de l'accueil sont valorisées. Toutefois, la qualité de l'accueil ne dépend pas objectivement de ce facteur (On peut supposer que ce message est teinté des représentations de l'assistante maternelle concernant les attentes des familles)

❹ « douce, attentive, et passionnée par les enfants »
« beaucoup de tendresse à donner »

Commentaire
Ce qui est mis en avant est sans doute perçu par l'assistante maternelle comme des qualités professionnelles requises, un critère de choix pour les parents, mais cela reste subjectif, et reflète davantage l'image que l'assistante maternelle souhaite donner d'elle-même.

❺ « … je propose des ballades en poussette au parc, des jeux d'éveil, et de nombreuses activités adaptées à l'âge des enfants »

Commentaire
Ceci est déjà un développement de ce que l'assistante maternelle proposera aux enfants au quotidien, comme une amorce de ce qu'elle présentera à travers son projet d'accueil (voir fiche 9) lors d'une future rencontre avec une famille. Là aussi on peut penser que le message tient compte de ce qu'elle présume des attentes des parents, et c'est ce qui est valorisé.

En résumé, l'annonce doit rester concise, et comporter un vocabulaire choisi qui reste dans des limites professionnelles.

L'essentiel à retenir !

L'assistante maternelle dispose de plusieurs moyens de communication pour informer de ses disponibilités. Suivant le vecteur qu'elle utilisera pour entrer en contact avec les familles, elle maîtrisera plus ou moins les informations transmises et leur diffusion. L'objectif de cette première étape est avant tout de donner des informations susceptibles de répondre à un besoin de garde afin de susciter les démarches des parents. Des précisions pourront être apportées lors des contacts suivants.

FICHE 7 — L'ENTRETIEN TÉLÉPHONIQUE

But : *Préparer le premier entretien avec les familles, à travers une communication uniquement verbale.*

1 Questions d'organisation

Pour que vous puissiez être prête à recevoir des appels d'ordre professionnel dans de bonnes conditions, les réponses à quelques questions d'organisation sont à rechercher.

Quel téléphone utiliser ? Portable personnel, téléphone du domicile ?

Si le téléphone du domicile est choisi, qui est susceptible de répondre ? il convient de se mettre d'accord pour que chaque membre de la famille sache quelle attitude adopter, et quelles réponses donner s'il s'agit de l'appel d'un parent à la recherche d'un mode de garde (prendre un message ? demander au parent de rappeler ? etc.)

CONSEIL DU PROFESSIONNEL
Dans tous les cas, il est important d'avoir toujours à portée de main un bloc-notes et un stylo près du téléphone.

2 Préparer l'annonce d'accueil

ATTENTION !
Une annonce trop personnalisée peut engendrer des réactions de la part des appelants, et développe une certaine subjectivité, une imagination quant au profil de l'assistante maternelle. À elle seule, l'annonce peut donner envie ou pas à la famille de rappeler ultérieurement.

Exemple

musique forte, puis « *Salut, c'est* (prénom) *j'suis pas là, mais n'hésite pas à laisser un message. À plus !* »
Ou au contraire, sur un ton froid « *Laissez un message* ».

3 Choisir le moment opportun

Depuis le développement des téléphones portables, être toujours joignable devient naturel et normalisé.

Toutefois, être joignable n'est pas synonyme d'être disponible pour répondre aussitôt, ce qui est un réflexe de bon nombre de personnes. L'assistante maternelle est souvent en situation professionnelle, qu'elle soit à son domicile, ou à l'extérieur, à tout moment de la journée, et souvent sur une large amplitude horaire. Il est nécessaire qu'elle puisse filtrer les appels téléphoniques, en fonction de leur importance, de leur urgence, afin de privilégier en premier lieu sa disponibilité envers les enfants qu'elle accueille.

Les réponses à des appels téléphoniques peuvent donc être différées. Vous pouvez par exemple mettre en service une annonce d'accueil spécifique durant la journée.

Exemple

« Bonjour, vous êtes sur le répondeur de… assistante maternelle. Mon activité professionnelle ne me permet pas de vous répondre pour le moment » ou *« N'étant pas disponible pour vous répondre à l'instant, je vous rappellerai dès que possible si vous me laissez un message avec vos coordonnées. »*

Différer la réponse aux appels, ne pas se précipiter, permet aussi de choisir le moment où l'on est disponible pour être réellement à l'écoute des appelants. Et pour cela, il faut aussi éviter au maximum les interférences, c'est-à-dire les bruits environnants, ou d'être dérangée par les sollicitations de sa propre

famille. Ce n'est pas toujours simple lorsqu'il s'agit du téléphone du domicile, s'il est placé dans une pièce de vie.

4 Les enjeux de l'entretien téléphonique

À l'issue de ce premier entretien, les deux parties décideront si, oui ou non, une première rencontre peut être envisagée afin de poursuivre les échanges et une connaissance mutuelle. Le contenu de cette conversation téléphonique doit donc comporter certains éléments clés.

A. Les informations à connaître pour l'assistante maternelle

Vous devez prévoir un certain nombre de questions à poser au parent, afin de cerner ses besoins et ses attentes.
Les informations essentielles que vous devez connaître sont les suivantes.

Date prévue pour l'accueil	Des incertitudes peuvent exister (vous ne connaîtrez peut-être pas encore votre disponibilité pour la date proposée, et le parent peut aussi parfois moduler la date prévue de l'accueil). Il faut toutefois poser les questions qui suivent et convenir éventuellement d'une date pour un appel ultérieur, une fois que les dates seront connues de part et d'autre.
Âge de l'enfant ou date de naissance prévue	L'âge de l'enfant au moment de l'accueil est un élément qui peut être déterminant pour vous, car il doit être compatible avec les exigences de votre agrément ou pour que vous puissiez vous projeter dans une organisation future.
Cadre de l'accueil : nombre de jours et horaires	Pour les mêmes raisons que précédemment, c'est un élément essentiel à connaître. Si des questions persistent pour le parent sur ce point, une amplitude peut être évoquée sur les horaires (au plus tôt, au plus tard) et sur les jours, et vous pouvez aussi donner vos disponibilités et votre souplesse d'adaptation.

Le parent qui fait généralement pour la première fois ce type de démarche n'est pas toujours clair dans son discours, et vous ne devez pas hésiter à demander des compléments d'information, ou à reformuler ce qui vient d'être dit et ce que vous avez compris pour qu'il puisse éventuellement apporter des précisions.

Exemple

« Bonjour, vous êtes bien Mme Valentin ?
« Oui. »

« Voilà, je vous appelle, car je suis à la recherche d'une assistante maternelle pour s'occuper de mon petit garçon, pour le mois de juin ».
« Ah, non, je ne pourrai pas répondre à votre demande, je ne serai libre qu'à partir du mois de septembre… ».
« Ah…(silence) c'est dommage ,…alors tant pis,… merci, au-revoir ».
« Au revoir Madame »

L'expression pour le mois de juin a été comprise par l'assistante maternelle comme « à partir du mois de juin ». Or l'assistante maternelle avait une place libre à partir de fin mai, mais, n'étant pas disponible en juillet et en août, proposait sa disponibilité à partir de septembre. Le parent lui disait « pour le mois de juin », car il avait besoin d'une assistante maternelle pour ce mois précis uniquement. Des précisions demandées par l'assistante maternelle ou une reformulation de sa part auraient permis de clarifier la demande et de convenir d'un accord, car le parent n'a pas donné de lui-même les explications nécessaires à une bonne compréhension mutuelle.

Vous pouvez aussi demander au parent s'il a besoin d'avoir des informations complémentaires avant de convenir d'une rencontre.

B. Les réponses aux informations demandées par les parents

De même, à l'initiative des parents, certains points peuvent être évoqués. Ces informations demandées peuvent entrer dans des critères de choix pour la famille.
En voici deux exemples.

Le nombre et l'âge des enfants que l'assistante maternelle accueillera	Le parent peut être sensible au fait que son enfant sera en contact avec d'autres enfants, d'un âge similaire ou pas. Cela donne une indication à l'assistante maternelle, qui peut rassurer le parent sur ce point.
Les tarifs pratiqués par l'assistante maternelle	Les assistantes maternelles sont parfois réticentes à donner par téléphone cette information. Il n'y a pas de règle en la matière. Cette question du parent est légitime, mais doit-elle arriver en premier lieu, et avoir une importance prépondérante ? En ce sens, l'assistante maternelle peut différer sa réponse à un rendez-vous ultérieur, prochaine étape vers un accord contractuel éventuel. Mais elle doit néanmoins avoir réfléchi à la cohérence du tarif horaire qu'elle propose, suivant différents critères, et à la valeur qu'elle donne à son travail. Ainsi, elle pourra répondre en toute simplicité à cette question. Nous reviendrons sur ce point dans la fiche 10 sur le contrat de travail.

C. Les échanges

▶ L'une des particularités de l'entretien téléphonique, c'est qu'il s'appuie uniquement sur une communication verbale, sans ce face-à-face qui véhicule une communication non-verbale par des gestes, des mimiques, etc.

Tous les échanges sont portés par la voix, et centrés sur le canal auditif. La voix transmet nos attitudes intérieures, nos émotions, mais le ton, les silences peuvent aussi être interprétés par l'auditeur.

Exemple

Un parent témoigne : « *Quand j'ai dit que mon fils avait bientôt 2 ans, j'ai senti comme un froid, une hésitation quand elle a poursuivi la conversation… elle ne m'a rien dit, mais j'ai pensé "elle aurait préféré accueillir un bébé…" et ensuite elle m'a dit que les horaires ne convenaient pas, mais je suis sûre que c'était l'âge de mon enfant…* »
La mère a porté toute son attention sur le temps d'hésitation de l'assistante maternelle et l'a interprété en rapport avec l'âge de son enfant de façon subjective.

▶ La durée de ce premier entretien doit être limitée. Les questions concernant l'accueil proprement dit, les attentes des parents, vos propositions, pourront être approfondies dans un second temps, lors d'un rendez-vous. Vous pouvez d'ailleurs tout à fait évoquer cette possibilité.

Exemple

« *Si vous êtes d'accord, nous pourrons reparler de … plus en détail si nous décidons de nous rencontrer.* »

— L'essentiel à retenir ! —

L'entretien téléphonique est un échange d'ordre professionnel qui s'organise. Afin de répondre dans de bonnes conditions, l'assistante maternelle doit privilégier sa disponibilité envers les enfants qu'elle accueille, mais aussi être réellement à l'écoute des familles.
Le contenu de la conversation doit comporter des éléments clés clairement énoncés de part et d'autre, tout en étant ouvert au dialogue qui pourra se prolonger lors d'une rencontre.

FICHE 8 — LA PREMIÈRE RENCONTRE

But : *Comprendre ce qui est en jeu dans ce premier entretien pour l'anticiper et le préparer, et s'adapter à la situation en fonction de la famille.*

1 Ce qui influence cette première rencontre

A. La question du choix

La question du choix est essentielle dans la façon dont la famille, mais aussi l'assistante maternelle, aborderont cette rencontre.

Du côté de la famille
Le choix initial du mode de garde était-il la garde au domicile d'une assistante maternelle, ou s'est-il imposé, par manque de place dans une structure d'accueil collective par exemple ?
Le nombre de places disponibles sur le secteur est-il réduit, ou les horaires de la famille sont-ils atypiques, ce qui implique que très peu d'assistantes maternelles seraient susceptibles de répondre à la demande formulée ?
Du côté de l'assistante maternelle
Est-elle dans une zone géographique déficitaire ou excédentaire en matière d'offre de garde, autrement dit est-elle régulièrement sollicitée par des familles, et dans la position de faire un choix, ou au contraire rarement contactée ?

La position occupée par chacun, la façon de se présenter, les attentes respectives, seront influencées par ces facteurs.

B. Les processus inconscients

Suite au premier contact téléphonique, chacun ébauche une représentation de l'autre, l'imagine… La réalité de la rencontre vient mettre à jour les protagonistes, confirmer ou pas les ressentis des uns et des autres.
On parle communément de *feeling*, d'affinités : une intuition qui entraîne naturellement un mouvement vers l'autre, ou de recul. Le « courant passe » ou pas :
– « Je sens que nous sommes sur la même longueur d'onde »,
– « Je me suis tout de suite sentie à l'aise »,
– « À travers notre discussion, nous sommes d'accord, mais quelque chose me dérange, je ne sais pas quoi »,
– « Je ne doute pas de ses compétences, mais je ne me suis pas sentie à l'aise ».

Nous sommes bien là dans du ressenti. Dans toute communication une part de processus inconscient entre en jeu à travers des processus *d'identification, de projection, de **transfert**.**

Parfois le bilan de cette première rencontre frôle l'enthousiasme « Nous nous sommes tout de suite plus » ; l'assistante maternelle et le parent peuvent alors échanger sur divers sujets en suivant le fil d'une conversation, et ils en oublient les objectifs de cette entrevue.

Pour l'assistante maternelle, choisir une famille qui lui ressemble n'engendre pas forcément une relation professionnelle de qualité.

2 La rencontre

A. Les conditions d'une bonne communication

▶ La notion de temps

Nous l'avons évoqué précédemment : la disponibilité est essentielle pour être réellement à l'écoute et dans le dialogue.

Choisir le bon moment est donc primordial. Vous devez éviter d'être dérangée par des sollicitations extérieures, qui viendraient interrompre les échanges.

Pour « bien s'entendre », l'environnement doit être calme, sans nuisance sonore.

Cet entretien doit aussi être limité dans le temps (au maximum une heure). En effet, si des limites ne sont pas fixées, les risques sont les suivants :
– l'attention des personnes en présence peut diminuer ; on est moins réceptif, on n'est plus capable de mémoriser ;
– le dialogue se perd dans des discussions qui ne sont pas essentielles ;
– si l'enfant est présent, il peut manifester de l'impatience, de la fatigue, etc.

▶ La notion d'espace

L'espace doit être aménagé pour que la place de chacun soit prise en compte. Les parents viendront-ils en couple ? Seront-ils accompagnés de leur enfant ? Si oui, quel âge a-t-il ? La maman est-elle enceinte ? Si vous avez la réponse à ces questions au préalable, vous pourrez aménager l'espace en conséquence.

Exemples

❶ Prévoir des sièges adaptés pouvant convenir à tous (transat pour bébé au cas où le parent le souhaiterait ; à éviter par exemple : canapé profond si la maman est enceinte.)

LA PREMIÈRE RENCONTRE

❷ Mettre à disposition des jeux adaptés à l'âge de l'enfant accueilli.

❸ Favoriser la circulation de la parole et les échanges (pouvoir s'adresser à l'enfant, par exemple, suppose qu'il ne soit pas sur un tapis d'éveil alors que les adultes seraient autour d'une table et lui tourneraient le dos).

Ici, la position de l'assistante maternelle favorise une relation duelle. Si l'assistante maternelle s'était installée face aux deux parents, une relation triangulaire se serait mise en place.

B. Le contenu des échanges

Ce qui se joue est de l'ordre de la communication verbale mais aussi de la communication non verbale, et l'observation de l'autre, que l'on découvre généralement à ce moment-là, prendra une place importante.

▶ Le contenu non-verbal

L'apparence, physique, vestimentaire, entre par exemple dans les critères observés, et se rattache à nos représentations. Ces dernières forgent des *a priori*, proches de jugements dont vous devez avoir conscience pour pouvoir vous en détacher, afin d'adopter une posture professionnelle.

Exemples

❶ *À travers une tenue vestimentaire « style hippie », on peut se représenter des parents laxistes.*

❷ *À partir d'un intérieur très rangé, on peut se représenter une assistante maternelle plutôt « rigide » ou tout simplement « organisée ».*

D'autre part, tout au long de l'entretien, vous devrez être attentive aux postures, gestes, mimiques des parents, qui pourront vous donner des indications. Semblent-ils intéressés, inquiets, tendus, réservés, fatigués, etc. Comment percevez-vous les comportements des parents envers l'enfant (regard, toucher, portage) ?
Cette attention vous permettra de vous adapter aux parents, car c'est bien au professionnel, qui reçoit la famille, d'adapter son discours à celle-ci. Ainsi, vous pourrez expliquer davantage certains points, ou recentrer le sujet vers ce qui semble les préoccuper.

▶ Le contenu verbal

Les bases de cette première rencontre doivent prendre la forme d'un échange, d'un dialogue. Chacun va prendre une position dans cette relation qui s'instaure. La famille peut arriver avec des attentes claires, voire des exigences, ou au contraire se sentir intimidée, dans l'ignorance. Il en est de même pour vous : comment allez-vous vous situer ? passer un entretien d'embauche, déterminer vos conditions ?
Si vous avez préparé le contenu de l'entretien, vous serez plus disponible pour vous centrer sur l'écoute et l'observation, plutôt que sur le contenu de vos propos.
L'intérêt d'un contenu préparé est aussi que cela peut donner l'idée à la famille de parler de sujets auxquels elle n'aurait pas pensé.
Le risque est cependant que vous suiviez le fil de votre discours et que vous soyez moins attentive à vos interlocuteurs.

Phase 1 : la préparation

Se souvenir que trop d'informations ne peuvent être retenues, donc sélectionner les informations que l'on veut transmettre, ce que l'on veut savoir.
Limiter l'entretien dans le temps afin que l'attention soit soutenue.
Préparer un document avec quelques points résumés, que l'on pourra remettre à la famille.

Phase 2 : le déroulement
Bien qu'il n'y ait pas de règle en la matière, il est souhaitable que quelques éléments clés figurent dans ce premier entretien, que vous pourrez développer sous forme d'une grille personnelle :

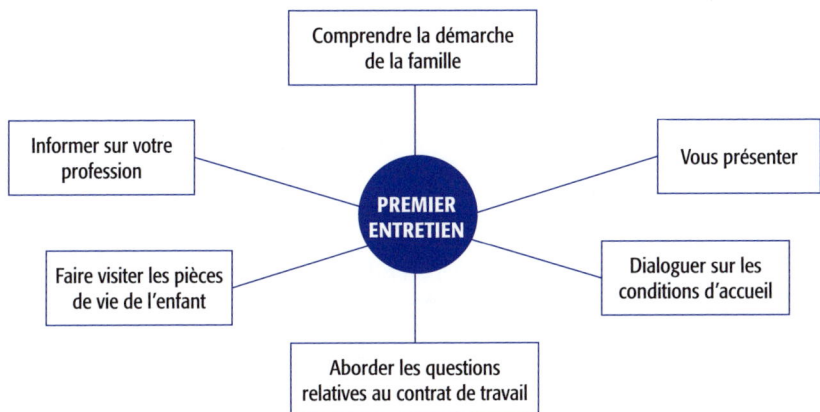

• Vous pouvez interroger la famille pour mieux comprendre sa démarche (« a-t-elle fait le choix de ce mode de garde ? que connaît-elle de la profession d'assistante maternelle ? ».

• Vous donnerez les informations nécessaires relatives à votre profession et répondrez aux questions éventuelles de la famille afin de préciser le cadre de l'accueil. Pourront être abordés brièvement :
– L'agrément et ses conditions d'obtention.
– Le rôle du service de protection maternelle et infantile (sa mission de contrôle, de suivi, tiers que l'assistante maternelle peut solliciter).
– La formation initiale et continue.

Poser ce cadre vous situe d'emblée dans une position professionnelle. En illustrant vos propos par des exemples, vous y apporterez de la clarté, et pourrez toucher des points essentiels comme votre responsabilité, la discrétion professionnelle, la sécurité, vos compétences, etc.

• Sur un plan individuel, vous vous présenterez, en fonction des éléments que vous souhaitez faire partager à la famille, et que cette dernière est en droit de connaître dans la limite du cadre professionnel de l'entretien :
– Votre parcours et vos expériences professionnelles.

– Nombre et âge des enfants accueillis.
– Présence d'animaux s'il y a lieu.
– Composition de votre famille, préciser dans quelle mesure la vie familiale va influencer l'organisation de la vie professionnelle. *Exemple* : « Vu les horaires de travail de mon mari, et comme il n'y a pas de ramassage scolaire, je dois amener mes enfants à l'école tous les matins. »

• Conformément à ce qui est préconisé, vous ferez visiter les pièces auxquelles l'enfant aura accès. C'est à vous d'estimer le moment opportun pour le faire, en fonction du dialogue qui s'établit.
Ce peut être à ce moment-là l'occasion d'évoquer avec les parents la nécessité de respect de votre vie privée.

• L'enfant sera enfin au centre des échanges avec l'instauration d'un dialogue autour des conditions de son accueil, et de l'accompagnement éducatif que vous proposez. Il s'agit d'aborder les prémices d'une collaboration éventuelle, cimentée par un projet éducatif commun, qui s'enrichira par le dialogue et le respect mutuel, au fur et à mesure que l'enfant grandira.

La fiche suivante aborde en détail les caractéristiques de ce « Projet d'accueil », dont les grandes lignes seront discutées durant ce premier entretien, pour être approfondi ultérieurement si l'accueil se concrétise.

• Les questions relatives au contrat de travail : c'est souvent à l'initiative du parent que la question du coût de la garde est évoquée en premier lieu.
Parfois, le parent ne s'est pas renseigné par ailleurs, donc il est important de l'orienter avant tout vers des services ou institutions qui l'informeront sur son statut d'employeur, sur la législation en vigueur, les aides financières relatives à ce mode de garde (complément de libre choix du mode de garde, crédit d'impôt…), les démarches administratives à effectuer. Les points relatifs au contrat de travail sont traités en détail dans la fiche 10.
On peut toutefois remarquer que, dans des entretiens d'embauche classiques, cette question est généralement abordée en dernier lieu, dans la mesure où l'employeur est intéressé pour recruter le professionnel rencontré. Vous pourriez peut-être, en débutant ce premier entretien, proposer de répondre à cette question à l'issue de l'entretien si le parent est d'accord, et communiquer alors le tarif horaire que vous proposez.

De façon générale, tout au long de l'entretien :

Quelques attitudes à adopter	Ne pas noyer votre interlocuteur par un flot de paroles.
	Laisser le temps de la réflexion et parfois du silence.
	Proposer des points à aborder, mais aussi questionner votre interlocuteur sur ses attentes.
	Parler concret, donner des exemples : imager permet de mieux se souvenir.
	Donner des réponses claires et précises, afin d'éviter les interprétations.
	Ne pas juger. Exemple : ne pas interpréter hâtivement le silence ou le peu de questions formulées par les parents comme un manque d'intérêt (un parent peut être timide, inquiet, ou une maman enceinte de 3 mois peut avoir du mal à se projeter dans le futur accueil).
	Attention à l'énumération du « faire » (exemple : toutes les activités d'éveil), car cela ne dit pas comment c'est fait… et c'est bien l'accompagnement de l'enfant qui est important.

Suite à ce premier entretien, il est nécessaire de laisser s'écouler un temps de réflexion, de part et d'autre, avant de reprendre contact et se donner une réponse définitive. Si certains points essentiels n'ont pu être abordés, vous pouvez proposer un second rendez-vous.

Demandez à la famille de vous prévenir même si leur réponse est négative, ou réservez-vous le droit de le faire, afin de pouvoir répondre à d'autres demandes ou poursuivre vos recherches.

Si des divergences trop importantes apparaissent lors de cette première rencontre, il n'est pas souhaitable que vous vous engagiez dans la garde de l'enfant.

L'essentiel à retenir !

La première rencontre est influencée par des critères de choix, objectifs et subjectifs : choix du mode de garde, mais aussi état des lieux de l'offre et de la demande sur le secteur, et enfin processus inconscients qui vont au-delà de la simple reconnaissance des compétences de l'assistante maternelle.

Cet entretien doit être préparé tant dans les conditions de son déroulement (espace et temps) que dans son contenu et les points abordés, avec des éléments-clés :
– précision du choix de la famille,
– présentation de la profession d'assistante maternelle,
– présentation de soi,
– visite des pièces du logement auxquelles l'enfant aura accès,
– présentation des grandes lignes du projet d'accueil,
– réponse aux questions concernant le contrat de travail.

Au final, et après réflexion, chacun doit être en mesure d'envisager ou pas une deuxième rencontre afin de formaliser les bases d'une collaboration future établie sur une confiance mutuelle.

FICHE 9 — LE PROJET D'ACCUEIL

But : *S'interroger sur ses principes pédagogiques et ses valeurs éducatives et rédiger un document, support d'un dialogue avec les parents.*

1 Qu'est ce qu'un projet d'accueil ?

Le projet d'accueil est un document écrit qui précise les modalités d'accueil de l'enfant au domicile de l'assistante maternelle. Parfois aussi appelé contrat d'accueil, il peut revêtir diverses formes et varier dans son contenu. Il sert de base à un dialogue avec la famille et s'enrichit en fonction de ces échanges. Il peut être rempli avec les parents dès le début de la période d'adaptation
Il est généralement proposé à l'initiative de l'assistante maternelle. Celle-ci peut écrire son propre projet d'accueil, mais aussi utiliser des supports existants souvent proposés par les conseils généraux, et plus précisément par les services de protection maternelle et infantile. Ces modèles ont le mérite de dérouler une trame à partir de laquelle des propositions et des attentes pourront s'exprimer et s'écrire. Toutefois, plus il sera personnalisé par l'assistante maternelle, plus il prendra du sens à ses yeux et mieux il sera perçu et compris par la famille.
D'un commun accord avec la famille, au fur et à mesure que l'enfant grandit, le projet sera réactualisé, en fonction de l'évolution de son développement physique et psychologique, de besoins nouveaux, de son avancée vers une autonomie grandissante.

2 Le contenu du projet d'accueil

La plupart du temps, le projet d'accueil se décline autour des thèmes reprenant entre autres les besoins fondamentaux de l'enfant (sommeil, alimentation, hygiène, éveil).
La liste des points qui peuvent être abordés dans le projet n'est pas exhaustive, et c'est à vous d'ajouter des éléments en fonction des sujets que vous souhaitez aborder, au vu de votre organisation, mais aussi de votre expérience.
Voici quelques pistes de réflexion, quelques suggestions. À vous de déterminer ce qui vous semble le plus pertinent, et ce qui correspond à votre vision du projet d'accueil.

Dans tous les cas, c'est l'intérêt de l'enfant qui doit vous guider, et c'est aussi le socle sur lequel s'appuie le projet d'accueil.

Voici quelques exemples de sujets à développer :

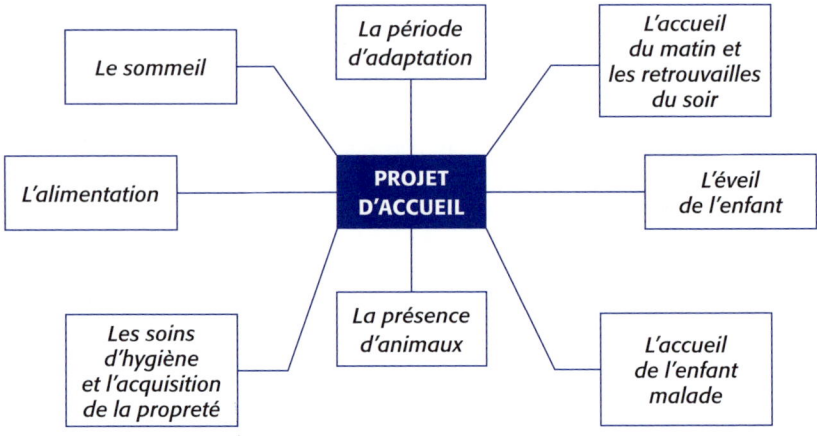

À travers ces sujets, vous pouvez présenter :

• Des notions d'ordre général, en ce qui concerne :
– Les différentes étapes du développement de l'enfant, tant sur le plan physique que psychologique. Il est important que cela apparaisse dans le projet d'accueil, car cela montre les connaissances théoriques que vous avez acquises, auxquelles vous vous référez.
– Le cadre de l'accueil. Cela suppose notamment que vous ayez conscience de vos propres limites afin de garantir un accueil de qualité.

• Des particularités individuelles et propres à chaque enfant :
– Vous laisserez la place à la famille pour qu'elle exprime quelles sont les habitudes de l'enfant, où il en est de son développement, comment les parents répondent à ses besoins et demandes et ce qu'ils attendent. Les inquiétudes, les valeurs éducatives, les souhaits de la famille seront pris en considération.
– De votre côté, compte tenu de tous ces éléments, vous noterez les propositions que vous pouvez faire, et préciserez comment vous envisagez d'accompagner l'enfant à travers tous les moments de sa vie quotidienne.

Il ne s'agit pas d'être d'accord sur tout. Des différences peuvent apparaître, et être source de richesses, de part et d'autre. Tout au long de son développement l'enfant évoluera dans des lieux différents et s'adaptera à des règles de vie, mais aussi à des adultes ayant leur personnalité propre (dans l'entourage

LE PROJET D'ACCUEIL

familial, amical, à l'école maternelle…). Il peut tout à fait, et cela dès son plus jeune âge, faire la différence entre ce qui est autorisé à votre domicile et ce qui est permis à la maison. Les règles apportent des repères, sources de sécurité affective pour l'enfant, à condition que les adultes respectent mutuellement l'existence de règles différentes, parfois, de celles qu'ils posent eux-mêmes, et qu'ils n'affichent pas des divergences d'opinion ou des incohérences devant l'enfant. Sur ce point qui concerne les attitudes éducatives, le dialogue anticipé, agrémenté d'exemples de situations concrètes, est une fois de plus primordial.

Toutefois, si vous percevez que des écarts évidents entre vos attitudes éducatives et celles des parents risquent d'engendrer plus tard des incompréhensions ou des conflits, mieux vaut ne pas vous engager dans cet accueil.

3 Un exemple de projet d'accueil

Voici un exemple de ce que pourrait contenir un projet d'accueil dans un chapitre consacré à l'alimentation. Ceci est donné à titre indicatif pour illustrer concrètement un contenu écrit. Il s'inspire du contrat d'accueil proposé par le conseil général du département de la Sarthe.

L'ALIMENTATION
Manger est un besoin naturel qui apporte du plaisir.

L'assistante maternelle préparera t-elle les repas de l'enfant ?
Oui : ☐   vers quel âge :
Non : ☐

Le rythme de chaque enfant sera respecté, en fonction de son sommeil, de son appétit, de ses besoins.

A. Avant la diversification (alimentation lactée uniquement) À compléter selon l'âge de l'enfant			
	À l'arrivée	Un mois plus tard	Deux mois plus tard
Nombre de biberons par jour			
Composition du biberon – nom de l'eau – quantité d'eau – nom du lait – nombre de mesurettes ou lait maternel			

FICHE 9

A. Avant la diversification (alimentation lactée uniquement)
À compléter selon l'âge de l'enfant

	À l'arrivée	Un mois plus tard	Deux mois plus tard
Allergies et régimes particuliers			

Habitudes au moment de la prise des biberons

Exemple : Maxime tète en plusieurs fois sur une longue durée (20 mn environ). Il finit rarement ses biberons. Sa maman se déplace dans la pièce lorsqu'elle le fait téter.

B. À partir de la diversification
À compléter selon l'âge de l'enfant

	Introduction légumes	Introduction fruits	Introduction viandes
Nombre de repas et/ou de biberons par jour			
Composition, quantité et consistance des repas			
Goûts de l'enfant			
Allergies et régimes particuliers			

Propositions de l'assistante maternelle et souhaits des parents

Exemple : Chaque nouvel aliment sera introduit en premier lieu par les parents à leur domicile, après avis du pédiatre de l'enfant. Si besoin de conseils, l'assistante maternelle pourra orienter la famille vers la puéricultrice de la PMI ou la solliciter elle-même.

Le moment du repas est aussi source d'éveil pour l'enfant. L'enfant traverse diverses étapes (le sevrage, la découverte des goûts, du toucher, des morceaux), il mange avec les doigts, apprend à se servir progressivement de la cuillère. Manger ensemble est aussi source d'apprentissages et de socialisation.

Attitudes éducatives de l'assistante maternelle :

Je mets des tabliers à manches longues afin d'éviter trop de salissures, normales à cet âge-là, et pour leur permettre de découvrir le plus possible. Je laisse les enfants manger avec les doigts, dans certaines limites (ne pas jeter la nourriture par exemple). Dès qu'ils sont assez grands, je laisse à leur disposition une petite cuillère qu'ils peuvent apprendre à manier tout en les aidant à manger avec une autre cuillère. Je les encourage à manger seuls, sans jamais les forcer.
De façon générale, j'essaie de développer la curiosité gustative des enfants (menus variés et équilibrés, présentation, participation des plus grands à l'élaboration de certains plats, achats ensemble au marché).
En grandissant, l'enfant cherche de plus en plus à exprimer son désir et son indépendance vis-à-vis de l'adulte. C'est pourquoi je propose aux enfants de se

LE PROJET D'ACCUEIL

servir seuls. Cela leur permet aussi d'apprécier les quantités, et ne pas avoir les yeux plus gros que le ventre. La taille des plats et ustensiles est donc adaptée.

D'un commun accord, attitude à avoir en cas de :

Gros appétit et/ou demande supplémentaire	Manque d'appétit et/ou refus alimentaire
À compléter	• Ne pas forcer à manger. • Proposer de petites quantités.

FICHE 9

CONSEIL DU PROFESSIONNEL

Établir un document écrit personnalisé peut sembler difficile. N'hésitez pas à vous rapprocher d'autres assistantes maternelles pour réfléchir ensemble à cette démarche. Vous pouvez aussi trouver une aide pertinente :
• en sollicitant le relais assistantes maternelles proche de chez vous ;
• en vous adressant aux puéricultrices du service de protection maternelle et infantile ;
• en faisant appel au dispositif de la formation continue ;
• en consultant des documents issus de sites de conseils généraux tels que ceux cités en annexe.

Le projet d'accueil peut être complété par un livret d'accueil.
Ce dernier pourrait se définir comme un document synthétique de présentation destiné à donner des informations à la famille. Il peut comporter plus précisément des éléments sur le cadre réglementaire de la profession d'assistante maternelle (conditions d'obtention de l'agrément, formation, obligations de l'assistante maternelle, obligations des parents) et chaque assistante maternelle peut y ajouter des informations qui lui sont propres (son parcours professionnel, la composition de sa famille, le descriptif de son environne-

ment et de son cadre de vie, ses tarifs, l'organisation type d'une journée d'accueil, etc.). Il peut être remis à la famille lors du premier entretien.

L'essentiel à retenir !

Le projet d'accueil présente plusieurs intérêts :

- l'écrit permet de conserver des traces du dialogue et des échanges auxquelles il est possible de se référer par la suite

- écrire suppose d'avoir réfléchi en amont à des questions essentielles comme par exemple :
– Comment vais-je accompagner cet enfant au quotidien ?
– À quelles demandes du parent vais-je répondre et jusqu'où ? Comment me positionner dans l'intérêt de l'enfant ?
– Comment vais-je pouvoir m'organiser au mieux afin de concilier l'accueil de cet enfant et ma vie familiale ?

et permet tout à la fois d'anticiper et de prendre de la distance.

- Il est le vecteur d'un dialogue qui cimente une relation de confiance basée sur une meilleure connaissance et un respect mutuels.

Le projet d'accueil ne doit pas être figé, mais au contraire adaptable au fil du temps.

FICHE 10 — LE CONTRAT DE TRAVAIL

But : *Clarifier la place de chacun dans la relation employeur/salarié et s'entendre sur un cadre et un contrat de travail respectueux des deux parties.*

1 La place de chacun

Dans toute communication, chaque protagoniste occupe une place et une position spécifiques. Par exemple, ma position est différente si je m'adresse à mon médecin, ou à un collègue de travail, et j'adopterai « des codes » de communication différents.

Il en est de même dans la relation employeur/salarié. Nous ne sommes pas là dans une position de type « égalitaire », mais plutôt dans une position asymétrique où la place de chacun n'est jamais figée. Assistante maternelle et parents endossent respectivement le rôle de salarié et d'employeur successivement ou simultanément à celui de professionnelle et de parent.

Exemple

❶ Venant chercher son enfant le soir, Mme Bernard, parent, doit répondre à une demande de jours de congés pour convenance personnelle formulée à ce moment-là par l'assistante maternelle ; elle est embarrassée et lui explique qu'elle doit y réfléchir, car elle n'a pas d'autre moyen de garde ce jour-là. Mme Durand l'assistante maternelle, ne s'attendant pas à cette réponse, paraît contrariée. Or, ce soir-là, Mme Bernard aurait souhaité aborder un problème qui la préoccupe : elle se sent démunie face à son enfant qui a des difficultés d'endormissement et aurait souhaité faire part de ses inquiétudes à Mme Durand. Elle juge que le moment n'est pas opportun et les échanges restent brefs.

Pour l'assistante maternelle il n'est pas simple de devoir rappeler à un parent employeur ses obligations de respecter des principes, par exemple le versement du salaire à date fixe. D'une manière générale, le salarié n'est pas amené à rappeler la loi à son employeur… Pourtant, les assistantes maternelles peuvent se retrouver dans ces situations délicates.

Au fil du temps, la place de chacun dans la relation peut évoluer et des points de convergence ou de divergence s'affirmer. Les opinions, les intérêts, les affinités, les sentiments sont autant d'éléments à prendre en considération.

Afin d'éviter au maximum des confusions, des malentendus, des tensions en ce qui concerne le cadre administratif, l'assistante maternelle doit au préalable être au clair sur cette position et cette place qu'elle occupe dans la communication employeur/salarié, et cela commence dès l'établissement du contrat de travail.

2 L'établissement du contrat de travail

Bien souvent, tout en se projetant dans le fait de confier leur enfant à une tierce personne, et tout en devant gérer les inquiétudes qui découlent de cette séparation, les parents découvrent les démarches administratives et la législation en vigueur qui accompagnent ce mode de garde.

Et bien souvent, dans le souci d'aider les parents, et parce qu'elles connaissent la réglementation, les assistantes maternelles donnent aux familles les informations nécessaires à l'établissement du contrat de travail jusqu'à leur proposer parfois un modèle de contrat. Sans nul doute, cette démarche découle d'une bonne intention, mais l'on pourrait se demander si les rôles ne se trouvent pas inversés. En allant plus loin, une attitude de « maternage » vis-à-vis des parents ne les met-elle pas en position de se sentir moins responsabilisés ?

A. Quels sont les risques de cet accompagnement ?

• Que les parents s'en remettent à l'assistante maternelle et que, par la suite, tout au long de l'accueil ce soit elle qui soit en position de rappeler parfois le cadre. Il faut en effet parfois « remettre le parent à sa place » d'employeur.
• Que le parent entende à travers le discours de l'assistante maternelle l'expression de l'assistante maternelle en son nom propre, et non pas l'expression de la loi. « C'est l'assistante maternelle qui m'a dit qu'il fallait… » Or, l'assistante maternelle ne fait que retranscrire ce que dit la loi.
• Que l'assistante maternelle apparaisse comme quelqu'un qui veut tout maîtriser. On a l'impression que c'est elle qui décide… Le parent sera tenté de « remettre l'assistante maternelle à sa place »… de salarié.
• Que des erreurs soient commises, et la relation de confiance peut se trouver altérée.

B. Quelles sont les précautions à prendre ?

Préciser que le statut de l'assistante maternelle est rattaché à une réglementation complexe émanant à la fois du Code de l'action sociale et des familles, du Code du travail, de la convention collective. Ainsi, diverses interprétations de la loi peuvent se rencontrer.
• Accompagner les parents en les rassurant sur leurs capacités, les orienter vers des services compétents (échelon départemental des directions régionales des entreprises, de la consurrence, du travail et de l'emploi, Fédération

LE CONTRAT DE TRAVAIL

des particuliers employeurs, syndicats d'assistantes maternelles, relais assistantes maternelles, caisse d'allocations familiales).
• Leur donner des informations en appuyant ses propos sur des documents officiels (convention collective, extraits de textes de loi).
Exemple : mode de calcul de la mensualisation
• Lorsque vous abordez des points précisés par la réglementation, veillez à la formulation de vos propos.
– À : « Je demande… », « Vous devrez… », « Je ne veux pas… »,
– Préférez le « La convention collective précise que l'employeur doit… » « Selon le Code du travail, le salarié doit bénéficier… »

L'intérêt pour l'assistante maternelle est que sa parole sera confortée par des sources d'informations extérieures.
Elle pourra se consacrer pleinement à l'accueil de l'enfant si elle peut se reposer sur des services extérieurs, ce qui évitera parfois des tensions, des incompréhensions ou des difficultés à se faire entendre. Rien ne l'empêche de solliciter un relais assistantes maternelles ou de téléphoner à la direction départementale du travail en présence du parent pour que les informations données soient entendues par les deux parties en même temps. Cela évite parfois les redites ou les mauvaises interprétations.
Rappelons toutefois que le rôle d'organismes extérieurs est d'informer et non pas de valider ou d'interférer dans les négociations entre employeur et salarié.

3 Les négociations

Le contrat de travail comporte des mentions obligatoires. Il doit respecter la convention collective et les textes de loi (qui évoluent sans cesse). Le parent est responsable du contenu du contrat de travail, et il est essentiel qu'il ait connaissance de la réglementation en vigueur.
Toutefois, la règle étant posée, employeur et salarié peuvent être amenés à négocier sur des conditions de travail telles que :
– la durée de la période d'essai dans une limite maximum de trois mois ;
– la durée du travail, les périodes d'accueil programmées, le délai de prévenance ;
– la rémunération et ses modalités de versement.

FICHE 10

Exemples

❶ La négociation de la rémunération : les enjeux en présence

Dans le cas des assistantes maternelles le montant de la rémunération tient compte de différents critères que l'on pourrait classifier ainsi.

La règlementation	• La référence au SMIC Horaire. Par disposition règlementaire, le salaire de base est de 0,281 fois le montant du SMIC horaire par enfant et par heure d'accueil.
	• les conditions d'attribution pour les parents de la prestation de la caisse d'allocation familiale, sous la forme du complément de libre choix du mode de garde, qui prend en charge la totalité des cotisations sociales patronales et salariales et le remboursement d'une partie des frais de garde. Ainsi, la rémunération brute de l'assistante maternelle ne doit pas dépasser par jour de garde et par enfant cinq fois le SMIC horaire.
L'offre de service	• L'état de l'offre et de la demande sur le territoire.
	• La cohérence avec les tarifs pratiqués sur un même secteur géographique.
	• La durée hebdomadaire de l'accueil : – Par exemple, certaines assistantes maternelles proposent un tarif horaire variable selon le nombre d'heures d'accueil par semaine. Ce que cela implique : le tarif est variable pour chaque famille alors que le service est le même – D'autres proposent d'accueillir l'enfant pour un nombre minimal d'heures de garde par semaine (20 heures, 25 heures, voire 30 heures) – Ce que cela implique : la famille rémunèrera des heures non effectuées par sa salariée, mais pourra disposer d'une amplitude horaire d'accueil plus étendue en cas de besoin.
La valeur professionnelle	• L'ancienneté.
	• Le parcours de formation.

Ce que l'on peut noter c'est que bien souvent entrent dans la négociation les notions liées à la réglementation et au service de garde. Les valeurs professionnelles, considérées dans d'autres métiers, gagneraient sans doute à être davantage mises en avant par l'assistante maternelle afin que les représentations de tous évoluent. Il ne s'agirait ainsi pas essentiellement de rétribuer un service, mais aussi de prendre en compte la qualité de l'accueil et de valoriser l'assistante maternelle en tant que professionnelle.

❷ Les horaires de travail

Des tensions dans les relations peuvent apparaître lorsque les parents, au fil du temps, s'éternisent au domicile de l'assistante maternelle en fin de journée, et poser à nouveau des limites peut s'avérer délicat pour l'assistante maternelle.

LE CONTRAT DE TRAVAIL

Il appartient à l'assistante maternelle de poser dès le départ le cadre de l'accueil journalier, en précisant notamment que le temps des transmissions doit être considéré en temps de travail, et que l'heure prise en compte sera celle du départ du parent, comme le définit la convention collective.

L'essentiel à retenir !

– Situer le parent dans sa fonction d'employeur permet de lui faire prendre conscience de ses responsabilités, et de ses obligations.
– L'assistante maternelle doit s'appuyer sur la réglementation en vigueur, à partir de ses propres connaissances, ou en faisant appel à des institutions compétentes.
– Pour négocier ses conditions de travail, elle doit connaître les limites qu'elle donne à ses fonctions et son intervention, mais aussi être consciente de ses compétences professionnelles.

FICHE 10

Partie 3

Les échanges avec la famille

FICHE 11 — LA PÉRIODE D'ADAPTATION

But : *Préparer l'arrivée imminente de l'enfant et de sa famille.*

Vous avez déjà rencontré une ou plusieurs fois la famille avant l'arrivée de l'enfant à votre domicile. Cette étape ne doit pas être banalisée, car elle marque souvent la première séparation de la mère avec son enfant.

■ La période d'adaptation

La période d'adaptation, qui dure une à deux semaines en général, a pour objectif principal de faire connaissance et de poser les bases d'une confiance mutuelle. Le moment où vous accueillerez l'enfant et son parent sera choisi avec soin : un moment où vous serez disponible pour être à l'écoute, répondre aux questions et en poser.

Il n'y a pas d'adaptation type, dans la mesure où chaque famille, chaque enfant sont différents. Ce sera à vous de vous adapter au rythme de l'enfant. Vous guiderez la famille pour que l'accueil évolue progressivement d'un temps passé en présence de l'enfant accompagné de son parent à un temps de garde correspondant à une petite journée.

Les premières rencontres seront l'occasion d'aborder plusieurs points.

• Connaître les **habitudes et les rituels de l'enfant**. Les parents et vous-même échangerez sur les habitudes alimentaires, de sommeil, de jeux de leur enfant. Il sera intéressant de compléter au fur et à mesure le projet d'accueil (voir fiche 9) avec les éléments que vous aurez recueillis. Vous pouvez également inviter les parents à emprunter le document, de façon à le compléter chez eux, s'ils le souhaitent.

Une mère témoigne : « *Pour moi, cela a été très important, lors de l'adaptation d'Hugo, de pouvoir écrire tous les petits détails des habitudes de vie de mon fils. Je me suis sentie plus confiante et, lorsque je partais, je me disais qu'ainsi l'assistante maternelle aurait des clés pour comprendre ses pleurs ou ce dont il avait besoin.* »

• Préciser comment vous souhaitez **être appelée**. Ce point n'est pas anodin dans le positionnement que vous souhaitez avoir. Choisir par exemple « tatie » comme appellation laisse une part d'affectivité importante dans le type de relation avec l'enfant et sa famille et peut entraîner une confusion dans l'esprit de l'enfant (il a d'autres taties). Se faire appeler par son prénom est plus neutre affectivement et permet une distance professionnelle.

Madame Jean, assistante maternelle, explique : « *Lors de mon premier contrat, je n'avais pas trop réfléchi à comment je voulais que les parents m'appellent. Je leur ai proposé de m'appeler par mon prénom. Mais très vite, la maman m'a dit que puisque nous avions le même âge nous pourrions nous tutoyer, ce serait plus simple… J'ai accepté. Cependant, j'ai plusieurs fois regretté car cette proximité dans nos relations m'a empêchée de dire certaines choses ce qui a dégradé par la suite nos rapports.* »

Les toutes premières rencontres vous permettront d'observer les réactions de l'enfant que vous allez accueillir, tout comme le lien qui existe entre sa mère et lui. Bien souvent, vous serez amenée à rassurer, à écouter, à répondre aux inquiétudes des parents. Rappeler à une mère que vous ne vous substituez pas à elle, que vous ne lui « prenez pas sa place », mais que vous êtes simplement un relais le temps où elle part travailler peut être important. C'est bien elle qui va vous apprendre à vous occuper de son enfant en vous transmettant ce qu'elle sait de son enfant.

Ce premier temps d'adaptation est très important également pour le parent qui va observer le savoir-faire, mais surtout le savoir être de l'assistante maternelle à travers l'attitude qu'elle adopte auprès de son enfant et des autres enfants qu'elle a en garde.

Par la suite, l'enfant restera chez vous un court moment sans son parent. Il faudra pour cela choisir un temps d'éveil, où l'enfant n'est pas fatigué ; ce peut être le temps d'un biberon, d'un goûter, d'un jeu… Votre rôle sera important dans l'accompagnement de certaines mères pour lesquelles cette première séparation est douloureuse. Savoir dédramatiser, les rassurer, les déculpabiliser pourra les aider à passer cette étape difficile. Il faudra bien sûr avoir le souci d'aider le parent à verbaliser à l'enfant ce qui se passe ou si c'est trop difficile de le verbaliser vous-même : « *Ta maman doit partir, elle va travailler et tu la retrouveras ce soir.* »

LA PÉRIODE D'ADAPTATION

Peu à peu, l'enfant va s'ouvrir à ce nouveau monde qui l'entoure : il va découvrir de nouvelles odeurs, de nouveaux bruits, de nouveaux lieux et de nouvelles personnes. En fonction de son histoire et de son âge, le temps nécessaire et les réactions de l'enfant peuvent varier. Ainsi par exemple autour de 8 mois, le bébé a peur des étrangers et peut manifester des craintes, des pleurs... Plus tard vers 2 ans, la période d'opposition peut aussi être plus difficile : l'enfant conteste ! Des expériences antérieures difficiles peuvent enfin générer une certaine appréhension.

Il faudra du temps à l'enfant pour trouver ses repères et prendre confiance. Les échanges entre vous-même et la famille seront d'autant plus importants qu'ils permettront d'établir un lien, une continuité, une harmonisation entre la maison et votre domicile.

Enfin, l'enfant passera une petite journée à votre domicile dans les conditions qui seront celles de sa garde future.

Exemples

Considérons quelques exemples de situations d'adaptation qui peuvent poser problème.

❶ Marc, 6 mois, pleure lorsque sa mère n'est plus dans son champ de vision. Cela se prolonge lorsqu'elle part de courts instants. Madame Jacques s'inquiète beaucoup. Elle dit avoir peur que son bébé ne s'adapte pas.

Dans ce cas-là, une grille d'observation pour l'assistante maternelle peut être intéressante. Elle pourra y noter le rythme de l'enfant, mais aussi les périodes de pleurs de façon à les rendre plus objectives. Ensuite, elle pourra repérer les moments où Marc se sent bien chez elle, ce qu'il fait à ce moment-là. Bien sûr, elle rassurera cette mère et la déculpabilisera : Marc exprime sa difficulté en pleurant. Répondre à la mère : « Ne vous inquiétez pas, ça passera, j'ai l'habitude » reviendrait à nier le mal-être du bébé et l'inquiétude exprimée par sa mère.

❷ La maman de Sophie est soulagée : sa fille âgée de 12 mois vient de changer de mode de garde suite à un déménagement. « Tout s'est passé à merveille, Sophie s'est tout de suite adaptée et elle ne pleure même pas quand je pars ! »

On peut penser qu'effectivement Sophie a trouvé ses repères et se sent à l'aise. Mais on peut aussi considérer que pour le moment Sophie est très occupée par la nouveauté du lieu, des jeux... Elle n'a peut-être pas réali

sa mère la laissera tous les jours, toute la journée. Elle peut manifester son mécontentement quelques jours plus tard seulement.
Dans tous les cas, il faudra rester vigilant à son attitude dans les jours qui suivent : comment se comporte-t-elle avec les autres enfants ? Avec l'adulte ? Joue-t-elle ?... Paradoxalement, une apparente facilité d'adaptation n'est pas toujours le signe d'une adaptation réussie.

❸ Les parents de Benjamin ne peuvent pas faire d'adaptation. Ils ont repris leur travail tous les deux et ne sont pas disponibles.

Parfois l'adaptation telle qu'elle a été décrite plus haut n'est pas possible. Il faudra cependant explorer d'autres modalités d'accompagnement de l'enfant (par une tierce personne par exemple) afin d'éviter au maximum de céder aux situations dites « d'urgence ». On peut aussi envisager de se retrouver par exemple le soir après la journée de travail. Dans tous les cas, il faut insister sur ce temps nécessaire d'adaptation progressive.

Conseil du professionnel

• Quelle place pour les pères ?
Bien souvent c'est la mère qui va accompagner l'enfant le temps de l'adaptation.
Il est cependant de plus en plus fréquent que le père prenne part à ce temps-là.
Avoir le souci de donner toute sa place au père, c'est le prendre en compte, entendre sa parole, le reconnaître en tant que père.
Le regard du père, parfois différent de celui de la mère, peut être précieux dans l'éclairage qu'il va donner à la situation, l'interprétation qu'il va en faire.
Il est important que vous puissiez réfléchir à ce lien père-enfant et le soutenir.

— L'essentiel à retenir ! —

L'adaptation permet de faire connaissance avec l'enfant et sa famille et de s'ajuster. Ainsi, un sentiment de sécurité se développe peu à peu tant chez l'enfant que chez ses parents.
L'adaptation est progressive et dépend :
– des facultés de séparation de l'enfant et de ses parents ;
– de l'âge de l'enfant ;
– de l'histoire de la famille.

FICHE 12 — LA COMMUNICATION AU QUOTIDIEN

But : *Faire de l'accueil du matin et du soir un moment privilégié d'échanges tout en s'adaptant aux situations.*

1 L'accueil journalier du matin

Le lien privilégié qui s'est établi lors de la période d'adaptation va se prolonger tous les matins. Ce moment est important, car il est la transition entre la famille, l'enfant et l'assistante maternelle.

A. Quelques règles

– Le relais doit se faire sans hâte, pour que l'enfant reprenne confiance, vous retrouve, ainsi que les autres enfants éventuellement présents, et se réapproprie votre domicile.
– Des informations seront échangées avec les parents afin qu'une continuité soit assurée (exemples : déroulement de la veille, la nuit, prise du biberon, surveillance particulière…).
– Les rites du départ doivent être respectés pour chacun : on accompagne le parent à la porte, le parent installe l'enfant sur le tapis d'éveil,…
– Le départ doit être dit à l'enfant, qui réagira à sa façon : continuer à jouer, faire un signe de la main, il peut aussi pleurer. À vous d'accueillir ces manifestations, et de vous adapter aux différentes réactions de l'enfant qui peuvent varier en fonction de son développement, des évènements et des étapes qu'il traverse.

B. Comment ?

• Mettre des mots sur la situation,
– en s'adressant à l'enfant « *C'est difficile pour toi de quitter ton papa ce matin… Je le comprends … Tu as besoin de prendre le temps de lui dire au revoir… Maintenant ton papa doit partir…* »
– Mais aussi au parent « *Je comprends que ce soit difficile pour vous, mais plus vous serez hésitant dans votre départ, plus Maxime aura du mal à vous laisser partir… Je vais prendre le relais maintenant si vous êtes d'accord, … n'hésitez pas à m'appeler…* »

Il n'y a pas de recette en la matière, et vous choisirez les mots qui vous conviennent. Il est important de respecter les besoins de chacun, tout en posant un cadre qui rassure et contient les émotions.

- Accompagner l'enfant vers son univers de jeux « *Et si on regardait ensemble ce livre que tu aimes bien ?...* »
- Conserver ce qui peut le rassurer (doudou, jouet qu'il a amené de la maison).
- Ne pas minimiser ou nier les émotions de l'enfant« *Mais non, ne pleure pas... tu ne pleurais pas hier* », « *tu es grand maintenant !* »
- Ne pas culpabiliser l'enfant « *C'est maman qui va être triste si tu pleures...* »

Il est important d'apporter à ce moment-là sécurité et réconfort à l'enfant, tout en prenant en compte la difficulté que peut avoir le parent à laisser son enfant.

L'assistante maternelle représente un soutien, tant pour l'enfant qui doit pouvoir extérioriser ses émotions, que pour le parent qui pourra dépasser « son angoisse » à condition de pouvoir l'exprimer sans être jugé.

C. Quand la spécificité de l'accueil au domicile engendre des situations délicates

Dans une structure d'accueil, les lieux sont bien identifiés comme des espaces conçus avant tout pour l'accueil des enfants, et comme le lieu de travail de l'équipe. L'assistante maternelle doit quant à elle délimiter son espace professionnel au sein de son domicile, distinct de son espace privé.

Exemple

Mme Martin, assistante maternelle, accueille depuis deux mois Émilie, 12 mois, fille de M. et Mme Bertrand. C'est Mme Bertrand qui accompagne sa fille tous les matins, à la même heure. Mme Martin prend le temps d'échanger, et l'accueil se déroule dans une confiance mutuelle. Un matin, Mme Bertrand tarde à partir, et finit par dire à Mme Martin que ce matin-là elle commence son travail plus tard que d'habitude, donc qu'elle dispose d'un peu plus de temps. Mme Martin, devant cette attente, propose alors à Mme Bertrand pour la première fois de boire un café, ce qu'elle accepte volontiers. Après un quart d'heure de discussion sur son travail mais aussi sa vie familiale, Mme Bertrand part à son travail. Deux jours plus tard, la même situation se reproduit, mais cette fois-ci, Mme Bertrand s'assoit spontanément et entame la conversation avec Mme Martin, évoquant alors les difficultés professionnelles de son mari. Mme Martin se sent alors mal à l'aise, ne sachant comment faire comprendre à Mme Bertrand qu'elle souhaiterait qu'elle parte afin qu'elle puisse se consacrer à l'accueil des enfants dont elle a la garde et que les sujets qu'elle aborde sont d'ordre personnels.

L'analyse de cette situation, nous permet de comprendre que le parent s'est approprié une place qui lui a été accordée à un moment donné. Il ouvre, à travers une conversation, son espace privé à l'assistante maternelle, et entre dans le sien. Une sympathie mutuelle a sans doute fait que la frontière entre parent et professionnelle est devenue floue. On peut supposer que l'assistante maternelle représente alors pour la mère une oreille attentive, une personne maternante pour sa petite fille mais aussi pour elle.
Dans ce cas, l'assistante maternelle ne doit pas attendre avant de reposer le cadre professionnel de la relation. Le parent a-t-il changé d'horaires de travail ? Dans ce cas, elle peut lui proposer de revoir les horaires d'accueil. Elle peut solliciter des professionnelles extérieures (collègues, équipe PMI…) pour réfléchir aux mots qu'elle utilisera, pour se positionner, sans pour autant altérer la relation.

2 Les retrouvailles du soir

Quand les parents arrivent, l'enfant peut être envahi par un flot d'émotions et d'excitation qu'il doit maîtriser. Il faut alors lui laisser le temps de reprendre contact pour apprécier le retour des parents.

Les attitudes de l'enfant peuvent être différentes.

• il peut regarder ailleurs, ignorer la présence du parent. Cette attitude n'est pas synonyme d'indifférence, et pourtant elle peut être interprétée comme telle par le parent. Les adultes présents ont souvent tendance à verbaliser ce qu'ils interprètent :
– « *Tu fais la tête ? Tu es fâché après ton papa ?* ». C'est ici le sentiment de culpabilité du parent qui transparaît et qui est projeté sur l'attitude de l'enfant.
– « *Toi qui ne voulais pas quitter ta maman ce matin, voilà que tu fais comme si elle n'était pas là… Viens lui faire un bisou…* »
Peut-être que l'assistante maternelle devrait ici se situer en retrait, plutôt que d'inciter l'enfant à aller vers le parent. Peut-être suffirait-il que le parent s'installe tout près de son enfant et entre dans le jeu dans lequel il est plongé pour que le lien se recrée entre eux.

• Il peut s'agiter, aller vers les jeux, courir dans tous les sens.
– « *Il me fait payer le fait de l'avoir laissé toute la journée* » peut penser le parent.
C'est bien ici le ressenti du parent qui prévaut : sans doute l'enfant veut-il montrer au parent que lui aussi a eu sa journée bien remplie, et peut-être aimerait-il faire partager son espace, ses jeux.

La réaction de l'enfant peut aussi traduire une recherche de repères et de limites à ce moment-là, si aucun des adultes présents ne se positionne clairement.

Dans certaines situations, l'attitude adoptée par l'assistante maternelle peut aussi être source de malentendus ou de divergences. Il peut arriver, en effet, que vous ayez l'impression que le parent n'adhère pas à votre position. Dans ce cas, il ne faut pas hésiter à lui faire part de votre ressenti, pas dans l'immédiat, mais ultérieurement, le lendemain par exemple.

Exemple

Mme Michel, assistante maternelle, s'adresse à un parent : « *Hier soir, Maxime a mis beaucoup de temps pour accepter de partir et, au bout d'un moment, je suis intervenue assez fermement quand il a renversé et vidé le bac de jouets sur le sol alors que vous lui aviez demandé plusieurs fois de venir mettre son manteau. J'ai eu l'impression que ma réaction vous a surprise, ou peut-être dérangée, et j'aimerais savoir ce que vous pensez ?* »

Ceci peut alors être une ouverture au dialogue et vous permettra de reparler d'une façon plus générale de la façon de gérer le moment du départ le soir. Vous pourrez faire part de ce que vous observez du comportement de l'enfant (Devient-il plus agité ? Comment cela se manifeste-t-il ?) et de l'attitude des adultes, parents et vous-même (Y a-t-il des hésitations de la part des adultes présents qui amènent l'enfant à rechercher les limites ? Le parent s'éternise-t-il alors que le départ serait préférable ? Se sent-il démuni ou n'ose-t-il pas poser des limites à son enfant ?). Ainsi, vous pourrez clarifier avec la famille quelles conditions faciliteront des retrouvailles et un départ plus serein le soir.
Mais comme le disait Françoise Dolto : « **Les vraies retrouvailles auront lieu à la maison** ».

LA COMMUNICATION AU QUOTIDIEN

> **— L'essentiel à retenir ! —**
>
> L'assistante maternelle doit mettre en place des repères clairs, sécurisants pour la famille au moment de l'accueil du matin (Dans quel espace sont-ils accueillis ? Comment ? Le parent peut-il rester un moment et, si oui, dans quelles conditions ? Comment réagira-t-elle face aux réactions de l'enfant…) et cela doit être abordé au moment de l'adaptation, lors de l'écriture du projet d'accueil.
>
> Au moment des retrouvailles du soir, une observation fine de l'enfant permettra de s'adapter aux situations, et il faut prendre garde aux interprétations hâtives ou stéréotypées.
>
> Il est important de parler au préalable avec les parents des règles et des limites posées par l'assistante maternelle à son domicile, afin que l'enfant trouve des repères structurants.

FICHE 13 — LES DIFFÉRENTS SUPPORTS DE TRANSMISSION

But : *Choisir un support écrit adapté à l'âge de l'enfant et aux objectifs de l'assistante maternelle.*

Selon l'âge de l'enfant, le contexte, il peut être intéressant de mettre en place des supports écrits qui permettront :
– un échange avec la famille ;
– un suivi de l'enfant sur plusieurs mois ;
– des repères datés et fiables sur le développement de l'enfant.

À ces fins, différents supports sont possibles et vous pourrez en choisir un en fonction de vos objectifs.

1 La grille d'observation

Utilisée durant toute la période d'accueil de l'enfant, la grille d'observation permet de faire un point sur les acquisitions de l'enfant au niveau psychomoteur, du langage…

Cette grille permet à l'observateur (vous) d'orienter son observation, d'avoir un regard objectif et une trace écrite en vue d'une relecture à distance. De plus, elle peut être un moyen d'échanges sur les progrès de l'enfant entre vous-même et les parents.

Parfois, un enfant présente une difficulté au bout de plusieurs mois de garde. *« Je regrette de n'avoir rien noté, témoigne cette assistante maternelle. Julien a quelques difficultés au niveau moteur, j'aurai dû marquer à quel âge il s'était assis seul ! »*

Exemple

NOM de l'enfant : **Arrivé le :**
Prénom : **Sorti le :**
Date de naissance :

	Âge	Observations
Acquisitions motrices		
Tient sa tête		
Soulève sa tête en position ventrale		
Se tourne sur le côté (couché sur le dos)		
Se tourne du ventre sur le dos		
Se tourne du dos sur le ventre		
Fait « l'avion »		
Passe du dos en position assise seul		
Se tient assis seul		
Se déplace en rampant		
Se déplace à quatre pattes		
Se met debout en se tenant		
Marche avec appui		
Marche sans appui		
Monte et descend un escalier en se tenant et en alternant les pieds		
Monte et descend un escalier en se tenant et en alternant les pieds		
Court		
Monte et descend seul l'escalier		
Grimpe		
Maîtrise ses sphincters		
Fait du tricycle		
Fait du vélo		
Développement de la motricité fine		
A acquis la préhension volontaire (tend la main pour saisir un objet présenté)		
A acquis la préhension cubito-palmaire		
Passe un objet d'une main à l'autre		
Joue à jeter les objets		
A acquis la pince supérieure		

FICHE 13

LES DIFFÉRENTS SUPPORTS DE TRANSMISSION

	Âge	Observations
Met les perles dans le goulot d'une bouteille		
Fait une tour de 2 à 3 cubes		
Gribouille avec un crayon		
Tourne les pages cartonnées d'un livre		
Développement psycho-socio-affectif		
Regarde le visage		
Réagit à la lumière		
S'oriente vers la voix		
Fait au revoir de la main		
Se méfie des étrangers		
Découvre le contenant et le contenu		
Imite certains bruits (cris d'animaux, voiture…)		
Montre les parties de son corps à la demande		
Comprend quelques ordres simples		
Se déshabille avec aide		
S'habille avec aide		
Se déshabille seul		
S'habille seul		
Donne un coup de pied dans un ballon sur ordre		
Aide à ranger ses affaires		
Saute sur un pied		
Langage		
Gazouille : « A-reu », « A-gue »		
Redouble les syllabes : « mama », « papa »		
Comprend le sens d'une phrase		
Utilise des mots-phrases		
Utilise le verbe et pose des questions		
Utilise le pronom : « moi », « je »		
Repas		
Est allaité		
Prend le biberon uniquement		
A pris ses premières cuillères de soupe		
Boit au gobelet seul		
Mange avec les doigts		
Mange à la cuillère avec aide		
Mange seul à la cuillère		

FICHE 13

2 La feuille de rythme

Intéressante pour les jeunes enfants et tout particulièrement pendant la période d'adaptation, cette grille permet de repérer le rythme habituel de l'enfant.

Vous-même ou les parents pourrez noter les modifications du rythme de l'enfant qui pourront avoir un lien avec :
– la modification des habitudes : changement de lieu par exemple en période d'adaptation, un déménagement…
– une maladie : rythme perturbé à cause d'une varicelle qui est couvée…
– l'enfant qui grandit : il n'y a plus qu'une sieste au lieu de deux…

Cette grille sera un outil d'autant plus pertinent qu'elle sera remplie par l'assistante maternelle et les parents. De plus, elle donne un aperçu de l'ensemble de la journée de l'enfant de façon synthétique.

Nom :																								Semaine du .... au					
Prénom :																													
h	1	2	3	4	5	6	7	8	9	10	11	12	13	14	15	16	17	18	19	20	21	22	23	24					
L			R					B					B		B														
Ma							B						B		B														
Me								B					B			B													
J						R		B					B		B														
V								B					B		B														
S													B		B						R								
D			B										B		B										T° : 38°8 à 16 h 30				

	Sommeil		B	A pris le biberon en entier
R	Réveil		B	A pris moins de la moitié du biberon
/	A été couché mais n'a pas dormi		B	A refusé le biberon

3 Le cahier de bord

Le cahier de bord de l'enfant est un autre moyen de transmission qui peut faire l'aller-retour entre le domicile de l'enfant et celui de l'assistante maternelle.

Il permettra d'inscrire au jour le jour les évènements importants que ce soit à la maison ou chez l'assistante maternelle. Il peut être enrichi des dessins de l'enfant, de photographies (tant de la maison que de chez l'assistante maternelle), de « trésors » découverts au fil des promenades (feuilles, plumes…).

LES DIFFÉRENTS SUPPORTS DE TRANSMISSION

Exemple

Héloïse, 24 mois, a passé un bon week-end. Papi et mamie l'ont gardée samedi soir. Elle a gouté pour la première fois des salsifis : elle n'a pas aimé du tout.
Papa est en déplacement cette semaine, maman viendra la chercher vers 16 h 30.
Il faut continuer les antibiotiques encore aujourd'hui.

Arrivée à 9 h avec sa maman, Héloïse a retrouvé ce matin la poupée qu'elle avait couchée vendredi soir.
Elle accueille Paul, son compagnon de jeux, avec grand plaisir : ils jouent à la dînette puis se disputent un puzzle « À moi » dit Héloïse.
À 11 h 30, nous nous retrouvons autour du repas : Héloïse refuse l'entrée (carottes râpées) et ne mange que les pâtes et une cuillère à café de poisson « Veux plus » explique-t-elle.
Après une petite histoire, je la couche : Héloïse pleure, elle appelle « papa ». Elle se repose donc avec moi sur le canapé et finit par s'endormir.
A dormi de 13 h 30 à 15 h.
Après la sieste, elle est en pleine forme et nous partons dans le jardin. Pour la première fois, Héloïse saute à cloche-pied : elle s'applaudit et est très fière !
Goûter : a dévoré sa tranche de pain au beurre et à la confiture.

ATTENTION !

Sur le cahier de bord, l'assistante maternelle s'attachera à transmettre des informations objectives sans porter de jugement sur l'enfant et sa famille. Ainsi, on ne doit pas y retrouver des commentaires tels que :
Sophie a été capricieuse aujourd'hui, elle a voulu les bras toute la matinée (jugement).
Clara a été adorable : elle a prêté sa casquette à Tom dont la maman l'avait encore oubliée ! (jugement encore).
Maeva se regarde dans le miroir : « que je suis belle ! » pense-t-elle (interprétation)
Enfin, le cahier ne remplace pas les échanges qu'il peut y avoir entre les parents et l'assistante maternelle ; il est un complément.

FICHE 14

L'essentiel à retenir !

Grille d'observation
+ : repères objectifs, datés sur toute la période d'accueil
− : peu de détails du quotidien

Feuille de rythme
+ : repérage global du rythme de l'enfant sur 24 heures qui est rapide à remplir
− : peu de détails sur le quotidien

Transmissions écrites

Cahier de bord
+ : éléments détaillés de la journée de l'enfant : éléments de sa vie, changements…
+ : permet de personnaliser les transmissions
− : nécessite plus de temps pour la rédaction.

FICHE 14 — LES ÉCHANGES AVEC L'ENFANT AU COURS DE LA JOURNÉE

But : *Communiquer de façon appropriée avec l'enfant tout en tenant compte de son développement et en étant vigilant aux mots qui lui sont adressés.*

1. La communication au fil du développement de l'enfant

Au fur et à mesure que l'enfant grandit, ses modes de communication évoluent. Mimiques, cris, pleurs, langage corporel, laissent peu à peu une place plus grande au langage (voir fiche 1). L'adulte devra adapter ses attitudes aux différentes étapes du développement de l'enfant, tout en étant attentif à sa capacité de compréhension mais aussi à ses expressions.

▶ Avec le bébé, une attention toute particulière

Le bébé âgé de neuf mois a acquis une maturité physique et psychologique qui lui permet d'établir une différenciation entre lui et sa mère, il est conscient de son départ. Cette étape le mène peu à peu à pouvoir se représenter sa mère malgré son absence et « à la garder dans sa tête ». S'il manifeste clairement par ses pleurs sa difficulté à se séparer, l'assistante maternelle, en réponse à cette expression, pourra lui parler, le consoler, le porter. Le pleur étant un signe visible et audible, il mobilise l'attention de l'adulte.

Le bébé âgé de trois mois qui semble ne pas réagir au départ de sa mère laisse présager que « tout se passe bien pour lui ». En fait, son stade de développement cognitif fait qu'il se perçoit encore dans le prolongement de sa mère et les manifestations d'une éventuelle détresse pourront prendre d'autres formes (regard dans le vide, tensions corporelles).

Ceci suppose donc que vous devez porter une attention particulière à la communication avec le bébé, qui doit passer non seulement par les mots que vous lui adresserez, mais aussi par votre regard, votre façon de le porter, de le toucher, par l'expression de votre visage.

« Il est si petit qu'il ne comprend pas ce que je dis » entend-on parfois. Même s'il ne comprend pas la signification des mots, le bébé est extrêmement sensible aux émotions qui transparaissent, à travers l'intonation de la voix, la gestuelle, les expressions, et il faut être à l'écoute de ses réactions, tout comme il faut considérer sa présence lors des dialogues entre adultes.

▶ Avec le développement du langage

Peu à peu, pour signifier ses désirs, ses besoins, pour solliciter l'adulte, ou dans sa relation avec ses pairs, l'enfant va développer une gestuelle, des sons, des cris, des monosyllabes.

Les difficultés qu'il rencontre parfois pour se faire comprendre peuvent engendrer de l'impatience, des manifestations d'agressivité de sa part.

La présence de l'adulte est alors importante afin d'accompagner l'enfant dans sa démarche de communication.

Ainsi, vous serez amenée à :
– décoder ;
– interpréter ;
– reformuler.

Durant cette période, l'adulte met des mots à la place de l'enfant qui ne verbalise pas encore. Ceci est facilitateur pour l'enfant, et lui procure un sentiment de reconnaissance, car il est entendu et compris. Toutefois, au fur et à mesure que l'enfant grandit et qu'il en devient capable, l'adulte qui intervient doit aussi s'effacer et laisser la possibilité à l'enfant de s'exprimer lui-même, ou pas. Il n'est pas rare en effet de voir des adultes réagir aux premiers signes que manifeste l'enfant.

Exemples

❶ Dès que Chloé se tortille alors qu'elle joue, sa mère lui demande : « Tu veux aller aux toilettes ? », puis la mère se tourne vers l'assistante maternelle et explique « Je lui propose, sinon, elle ne demande pas ».

Sans remettre en question le fait qu'il est important de proposer, ou de solliciter l'enfant dans de multiples circonstances, cet exemple peut poser la question « Laisse-t-on à l'enfant le temps d'exprimer son besoin, son souhait ? »

❷ Lucas, 3 ans, accompagné de son assistante maternelle, rencontre une amie de celle-ci, qu'il ne connaît pas : « Comment tu t'appelles ? » lui demande d'emblée cette dernière en se penchant vers lui. Comme il ne répond pas tout de suite, l'assistante maternelle s'empresse de répondre à sa place : « Lucas ».

Cette réaction de l'adulte est bien souvent un automatisme, que l'on peut sans doute rattacher à des valeurs culturelles et de politesse, et pourtant, si cette personne est inconnue pour l'enfant et si, de surcroît, elle ne s'est pas présentée elle-même, on peut comprendre que Lucas n'ait pas envie de lui

LES ÉCHANGES AVEC L'ENFANT AU COURS DE LA JOURNÉE

dire son prénom, ou ait besoin d'un peu de temps pour faire connaissance. Cela pourrait peut-être être verbalisé ainsi par l'assistante maternelle en s'adressant à l'enfant : « Tu n'oses pas dire ton prénom parce que tu ne connais pas cette dame ? »
Il faut laisser à l'enfant qui grandit un espace dans lequel il puisse développer son langage, mais aussi exprimer ses désirs par des mots, et l'encourager en ce sens. Cela suppose d'avancer à son rythme et de prendre le temps pour ne pas dire, trop vite, à sa place.

2 Les paroles adressées à l'enfant

Vaste sujet, que nous aborderons volontairement sous quelques aspects particuliers.

A. Les limites

Au fur et à mesure que l'enfant grandit, il prend de l'assurance, pousse plus loin ses explorations, découvre le monde sans avoir encore pris conscience de ses dangers, mais aussi cherche à s'affirmer, dans sa personnalité. Les occasions de dire « non », de poser à l'enfant des limites sont diverses et se multiplient, tout au long de la journée. Il serait à ce propos intéressant pour l'assistante maternelle de :
– répertorier le nombre de fois où elle dit non à l'enfant au cours d'une journée.
– repérer dans quelles circonstances ; par exemple : *l'enfant se met-il en danger ? – met-il un autre enfant en danger ? – est-ce par manque de disponibilité car elle ne peut répondre à sa demande ? – est-ce par facilité ?*
– se pencher sur les alternatives ou les propositions qu'elle fait à l'enfant pour qu'il puisse différer sa demande ou son désir, ou le déplacer sur un autre support ; par exemple :
« *Non, je n'ai pas le temps de te raconter cette histoire maintenant, mais nous regarderons le livre que tu as choisi après le repas.* »
« *Non, tu ne peux pas déchirer ce livre, mais nous allons chercher ensemble des morceaux de papiers que tu pourras déchirer et avec lesquels tu pourras jouer.* »

En étant à l'écoute de ses propres interventions, l'assistante maternelle sera à même de mieux définir les limites contenantes et sécurisantes nécessaires à l'épanouissement de l'enfant, posées calmement et fermement, de celles qui répondent à d'autres motivations conscientes ou inconscientes et qui pourraient être réfléchies et parfois assouplies pour permettre à l'enfant de développer son autonomie.

FICHE 14

B. Le jugement

Accepter l'enfant et sa famille et les respecter supposent de ne pas porter et de ne pas émettre de jugement à leur encontre. Pourtant l'isolement qui caractérise cette profession la rend difficile et l'assistante maternelle a besoin d'exprimer son ressenti, sa pensée, cela devrait se faire dans des lieux et à des moments précis, entre professionnelles uniquement, afin de dépasser ce stade du jugement, prendre du recul et mieux comprendre certaines situations.

Entre penser et dire, il y a une différence considérable, et l'assistante maternelle ne doit pas s'autoriser à porter des jugements, en présence de l'enfant ou de toute autre personne. Ce pas franchi au quotidien peut en effet avoir des répercussions considérables sur le développement psychologique de l'enfant, et sur la qualité de son accueil.

De nombreux exemples peuvent émailler ainsi le cours de la journée :

• *Ce matin, la mère de Lucie lui dit au revoir puis quitte le domicile de Mme André, assistante maternelle. Un peu plus tard, tandis que Lucie joue à ses côtés sur le tapis, Mme André regarde l'intérieur du sac laissé par la mère de Lucie. Elle commente : « Ta maman n'a pas mis d'affaires de rechange dans ton sac, une fois de plus... »*

• *Au relais assistantes maternelles, Mme Bernard et Mme Jean, assistantes maternelles, discutent, les enfants jouant auprès d'elles. Mme Bernard : « Chloé est beaucoup plus dégourdie que Bastien, alors qu'ils ont quasiment le même âge... elle est aussi moins ronde, alors elle se déplace plus facilement... Bastien est plutôt mou, et il pèse lourd, ça me fatigue de le porter... »*

Les mots qui jugent, qui dévalorisent, sont à proscrire. À travers ces mots, c'est d'ailleurs souvent l'enfant qui est jugé : « *Tu l'as tapé, tu n'es pas gentil* ». Il ne doit pas être ici question de porter un jugement de valeur sur l'enfant « gentil » ou « méchant », mais plutôt de considérer l'acte de taper. Effectivement, signifier à l'enfant que se taper est défendu, c'est aussi reprendre la situation, l'amener à exprimer différemment et autrement que par des gestes brusques, ce qu'il ressent. L'adulte est là pour accompagner et donner des clés à l'enfant pour l'aider à entrer en relation avec les autres : « *Qu'est-ce qu'il se passe ? Tu as peur qu'il prenne ton jouet ?* ». Il peut même proposer des situations dérivatives : « *Je ne suis pas d'accord que tu tapes sur les copains. Par contre, quand tu es très en colère, tu peux aller chercher ce coussin et taper dessus !* »

D'autre part, les paroles des adultes sont bien souvent projetées au-dessus de la tête des enfants, présents, et on parle d'eux à la troisième personne, alors qu'il conviendrait de les inclure dans le discours des adultes, de s'adresser à eux.

LES ÉCHANGES AVEC L'ENFANT AU COURS DE LA JOURNÉE

Attention !
Dans toute circonstance, vous devez garder en mémoire que vous êtes soumise à une obligation de discrétion professionnelle.

C. Accompagner l'enfant vers l'expression

Nous l'avons souligné à plusieurs reprises, l'exercice de la profession d'assistante maternelle est complexe.

Certains enfants peuvent dérouter, manifester des comportements à gérer comme de l'agressivité, ou une activité débordante difficile à contenir. Dans ce contexte, il est tout à fait normal que l'assistante maternelle se sente parfois dépassée, démunie.

En proposant divers supports d'expression, l'assistante maternelle peut aider l'enfant à canaliser son énergie, à développer sa créativité, à mieux maîtriser son corps, mais aussi ses affects.

Par exemple, partager avec un enfant des moments de jeux au cours desquels le « faire semblant » permet d'exprimer de la colère, de l'agressivité, de l'angoisse, dans le cadre délimité du jeu, et non pas « pour de vrai », peut être bénéfique. Quelques exemples : *des marionnettes, des animaux féroces, des jeux de corps à corps, des manipulations comme la pâte à sel, que l'on écrase, que l'on malaxe, des jeux de construction que l'on peut aussi détruire, sont autant de supports qui peuvent être exploités, et explorés avec l'enfant.*

Le jeu permet notamment à l'enfant d'exprimer des émotions, et il convient de les accueillir, plutôt que de vouloir les réprimer en disant : « *Non, ne tape pas la poupée si fort, ce n'est pas gentil...* »

Face à des comportements d'enfants, parfois s'accumulent chez l'adulte des émotions qu'il ne maîtrise plus, une fatigue, et l'agressivité contenue peut se distiller au quotidien et se manifester par de l'agacement, des mots envers l'enfant inappropriés, des gestes brusques.

Il est important de savoir repérer ses propres limites et chercher de l'aide auprès de professionnels, comme l'équipe du service de PMI.

FICHE 15

> **L'essentiel à retenir !**
>
> Au quotidien, l'assistante maternelle est l'interlocutrice principale de l'enfant.
>
> Si elle est dans un premier temps porte-parole du tout-petit, elle saura ensuite avec le développement du langage de l'enfant s'effacer, pour laisser place à la parole de l'enfant et à sa possibilité de s'exprimer.
>
> Les échanges au quotidien avec l'enfant nécessitent obligatoirement de poser des limites qui ont été réfléchies, mais aussi de bien se garder de juger l'enfant et sa famille.

FICHE 15 — GÉRER DES SITUATIONS DÉLICATES

But : *Maintenir une posture professionnelle y compris lorsque l'assistante maternelle est confrontée à des situations délicates.*

1 Les non-dits

Face à une situation qui perdure et retentit sur le bien-être de l'enfant accueilli, ou sur votre intervention professionnelle, vous pouvez ressentir des difficultés à aborder le sujet avec la famille. Pourtant il ne faut pas laisser s'installer des non-dits, liés à des situations sur lesquelles vous focaliserez votre attention à un moment ou un autre, faute de les avoir parlées avec les parents.

Exemple

Mme Dubois, assistante maternelle, accueille Lucile, 20 mois, depuis plus d'un an. Ses relations avec Mme Simon, la mère de Lucile, ont toujours été bonnes et même parfois amicales.
Cependant, depuis quelques jours la situation semble se dégrader :
– En effet, il y a quelques semaines, Mme Dubois avait accepté d'accueillir Lucile en pyjama (sa mère avait expliqué qu'elle l'avait levée au dernier moment car elle s'était endormie tard), mais depuis c'est tous les jours qu'elle arrive en pyjama sans avoir pris le biberon et la couche non changée.
– Les retards du soir qui étaient occasionnels finissent par être habituels : tous les jours Mme Simon arrive 20 à 30 minutes en retard, par rapport à l'heure prévue sur le contrat de travail.
– Enfin, depuis deux jours la mère de Lucile apporte les ingrédients du repas sans les cuire : « Je suis débordée » explique-t-elle.
Madame Dubois ne sait plus que faire, elle regrette d'avoir été si proche de madame Simon.

L'analyse de cette situation fait ressortir plusieurs points :
– La position de Mme Dubois a manqué de professionnalisme à un certain moment : les relations amicales ont pris le dessus et ne permettent plus la bonne distance. Mme Dubois pensant bien faire et étant compréhensive a accepté exceptionnellement une situation qui a perduré. Elle est en difficulté, car elle a du mal à aborder le sujet.
– Comment le contrat de travail a-t-il été négocié au départ ? Il est important qu'à ce moment-là soient abordés les problèmes d'horaires, et dans cet exemple il serait judicieux de les renégocier.

– De plus, l'assistante maternelle recherchera toujours le bien-être de l'enfant. Peut-elle accepter d'accueillir un enfant quotidiennement qui a été mis du lit au siège auto, sans être changé, sans avoir pris son biberon ? Elle pourra suggérer à la mère de lever un peu plus tôt son enfant, reprendre avec elle les questions de sommeil en particulier.
– Enfin, Mme Dubois peut proposer pour un certain temps de confectionner les repas de Lucile, pour ne pas prendre de risque en acceptant de la viande crue.

Dans cet exemple, l'assistante maternelle ne pourra pas faire l'économie d'une mise au point avec la famille de Lucile. Il faudra qu'elle choisisse le bon moment et que la présence ou non de l'enfant à ce moment-là soit discutée. L'assistante maternelle doit cependant garder en tête le fait que l'enfant devra être épargné de ces tensions qui peuvent exister entre adultes. Elle sera vigilante à ce qu'elle dit devant l'enfant, sur ses parents.

2 Les préoccupations formulées par la famille

Face aux préoccupations des parents, il est bien souvent difficile de trouver d'emblée les mots justes, et c'est souvent après leur départ, dans l'après-coup, que l'on imagine un discours qui aurait pu être différent de celui qui a été tenu. Il n'y a pas toujours une réponse à donner, mais plutôt une attitude professionnelle à adopter. Afin de mieux l'identifier, nous allons, à partir d'un exemple, analyser différents types de réponses possibles afin de mesurer ce qui est alors sous-jacent dans les échanges.
La grille de référence développée ci-dessous est celle des « six attitudes d'écoute spontanée » mises en évidence par Elias Porter, collaborateur de Carl Rogers.

Exemple

Mme Martin exprime les difficultés qu'elle rencontre avec Gabriel, âgé de deux ans, à Mme Bernard, assistante maternelle.
« Tous les soirs, c'est la même chose… Gabriel ne veut rien manger, il crie, jette son assiette… Alors je finis par céder et lui donne uniquement ce qu'il veut, … deux desserts parfois… Il ne peut pas rester sans manger tout de même…Nous l'avons puni parfois, mais rien n'y fait…le lendemain, ça recommence… Tous les soirs j'appréhende le moment du repas et je suis épuisée par ces conflits… »

GÉRER DES SITUATIONS DÉLICATES

Attitudes de Porter	Description	Effets négatifs	Effets positifs	Exemples de réponses
Décision (ordre – conseil)	On dit au parent ce qu'il doit (ou pourrait) faire. Cela peut être sous la forme d'une suggestion ou peut aussi prendre la forme de directives.	Peut provoquer chez le parent. • un accroissement de la dépendance. • un sentiment de non-compétence. • une infantilisation.	Si elle est acceptée, elle peut diminuer l'anxiété et accroître la sécurité, mais elle ne favorise pas la responsabilisation.	« Vous ne devriez pas céder... vous devriez être plus ferme... » « Essayez d'être plus détendue et de ne pas vous mettre en colère. »
Interprétation	Réponse qui consiste à donner des explications à l'autre sur la situation (raisons du comportement de l'adulte et/ou de l'enfant) et sur sa manière de se la représenter.	Une interprétation inopportune peut provoquer des réactions agressives et la rupture des relations. L'attitude d'interprétation peut être ressentie comme une intrusion inacceptable.	Si l'interprétation est judicieuse, acceptée, elle peut fournir à l'interlocuteur des éléments qui lui permettent d'avancer dans la compréhension du problème.	« Il cherche à s'opposer, c'est normal à son âge. » « Il ne vous a pas vu durant toute la journée, et il cherche à vous accaparer, à attirer votre attention par tous les moyens »
Soutien (support)	Réponse visant à rassurer, à apaiser ou soulager le parent. On cherche à persuader le parent que son problème n'est pas aussi sérieux qu'il le pense (minimisation, banalisation), ou qu'on éprouve la même chose que lui.	L'écart entre l'intensité des difficultés que ressent le parent et la façon dont elles sont minimisées peut lui donner le sentiment de ne pas avoir été vraiment écouté. Le décalage a pour effet d'induire l'agressivité.	Le support affectif peut tendre à sécuriser l'interlocuteur et constituer une aide dans le cas d'une dramatisation excessive.	« Ne vous inquiétez pas s'il ne mange pas... il ne se laissera pas mourir de faim.. » « Son attitude changera avec le temps, ça passera... » « J'ai connu la même situation avec ma fille, et aujourd'hui, elle mange comme quatre... »

FICHE 15

Attitudes de Porter	Description	Effets négatifs	Effets positifs	Exemples de réponses
Évaluation	Consiste à exprimer, concernant les propos tenus par autrui une opinion ou un jugement de valeur. L'évaluation peut être d'ordre logique (vrai, faux) ou morale (bien, mal).	L'évaluation négative peut provoquer chez le parent : • des mécanismes de défense, voire de l'agressivité dans la relation. • un sentiment de culpabilité.	L'évaluation positive peut être gratifiante pour l'image de soi du parent, et elle peut faciliter la relation, mais elle peut créer ou accroître la dépendance.	« Alors c'est votre enfant qui décide… ce n'est pas une bonne chose… » « Vous savez qu'il mange bien ici le midi,… donc vous devriez être rassurée. » « Vous faites du mieux que vous pouvez… »
Enquête	On cherche à obtenir des informations complémentaires, à approfondir le problème posé. Cette attitude prend surtout sous la forme de questions portant sur les faits ou sur les sentiments et opinions.	Employée de façon systématique, elle risque d'engendrer de la méfiance, ou le sentiment pour le parent de ne pas être compétent. Il peut aussi se sentir désorienté s'il ne voit pas où l'autre veut en venir.	Utilisée de façon opportune et discrète, cette attitude peut aider l'interlocuteur à explorer certaines pistes de réflexion.	« Mange-t-il seul ou à table avec vous ? » « Avez-vous demandé à son père d'intervenir à votre place ? » « Préparez-vous le même menu pour toute la famille ? » « Pourquoi réagissez-vous ainsi ? »
Écoute compréhensive reformulation	On cherche à se mettre à la place du parent, sans s'identifier à lui, mais par une attitude d'empathie. On reformule alors ce qu'il vient de dire. Le parent se sent compris.	Elle suppose l'établissement d'une relation de confiance et de respect mutuel sans quoi elle risque d'être mal perçue et rejetée.	Cette attitude favorise l'autonomie du parent, tend à diminuer sa dépendance, et peut favoriser une prise de conscience. Il se sent compris.	« Si je vous ai bien compris, vous êtes inquiète pour sa santé quand il refuse de manger. » « Pour vous, l'essentiel serait d'éviter ces conflits au moment du repas.. »

Ce qui est mis ici en évidence est que la reformulation permet aussi une distanciation, une prise de recul du côté du parent mais aussi du côté de l'assistante maternelle vis-à-vis de ses propres affects. Cette attitude est aussi à utiliser face à un parent qui manifeste de fortes émotions, comme de la colère, de l'anxiété. L'assistante maternelle, professionnelle, doit éviter de se laisser envahir par les émotions du parent, ainsi que se laisser submerger par les siennes.

Une écoute compréhensive laisse aux parents le choix de leur solution propre face à un problème posé. Ils ne sont ni infantilisés ni jugés comme incompétents, mais reconnus comme des parents adultes et capables de prendre leur propre décision.

Remettre au lendemain une discussion qui s'annonce difficile, proposer au parent de reparler ultérieurement de certains sujets peut être bénéfique, si vous sentez que ce n'est ni le lieu (présence de l'enfant) ni le moment (manque de disponibilité).

3 Parler des comportements de l'enfant

Un enfant, par son comportement, peut attirer plus particulièrement votre attention. Vous pouvez vous interroger sur l'évolution de son développement, son manque de tonicité par exemple. Des attitudes vous surprennent chez un autre enfant, comme un repli sur soi, l'apparition de gestes stéréotypés. Un autre enfant pleure fréquemment tout au long de la journée et parvient difficilement à être apaisé.

Vous souhaiteriez aborder ces sujets avec les parents, mais ce n'est pas chose facile.

Une des premières questions à se poser est peut-être la suivante :

« Le comportement de cet enfant relève-t-il d'impressions ou d'observations de ma part ? »

« Puis-je m'appuyer sur des faits précis ou est-ce un questionnement de ma part ? »

L'outil de la grille d'observation que nous avons détaillé précédemment (voir fiche 13) peut vous être utile afin d'affiner et d'objectiver votre appréciation. Sans vous focaliser sur un élément, vous prendrez ainsi en compte l'enfant dans sa globalité.

L'observation d'un professionnel extérieur, puéricultrice du service de PMI, peut vous apporter un éclairage intéressant, des réflexions quant à l'attitude professionnelle que vous allez adopter. Cela nous ramène au fait que si vous avez, dès l'établissement du projet d'accueil, présenté les missions du service aux parents, en précisant que vous pouvez les solliciter pour vous accompagner professionnellement, leur intervention éventuelle sera plus facile à introduire avec la famille.

Exemples

❶ Mme Bertrand, assistante maternelle, s'interroge face au comportement de Mathieu, âgé de 10 mois, qui manque de tonicité et communique très peu. Si elle dit au parent : « *Je trouve qu'il n'est pas très tonique, et cela m'étonne… Vous en avez parlé avec votre pédiatre ?* » elle peut provoquer un rejet voire de l'agressivité de la part du parent, ou de l'inquiétude. En revanche, elle peut faire part d'observations concrètes aux parents en s'appuyant sur des faits. Elle peut évoquer avec eux les attitudes éducatives qu'elle adopte, à travers par exemple les stimulations qu'elle propose à l'enfant. Enfin, elle peut introduire qu'elle souhaiterait être conseillée et accompagnée professionnellement par la puéricultrice du service, et en informer le parent. Ainsi, elle ne sera pas seule face à cette situation et cela pourra être aussi pour le parent l'occasion d'aborder cette question avec vous.

Mieux vaut ne pas attendre et laisser perdurer une situation dans le temps, au risque de s'enferrer ensuite dans des tensions relationnelles.

❷ Mme Guy, assistante maternelle, accueille depuis quinze jours environ Lisa, âgée de 5 mois.
Chaque jour, Lisa pleure de façon soutenue tout au long de la journée, ne parvient pas à s'endormir, ne s'apaise que portée dans les bras. Mme Guy accueille par ailleurs deux autres enfants, âgés respectivement de 12 et 24 mois. Le soir, lorsque la maman de Lisa arrive, elle est épuisée, et tient le discours suivant : « *Elle a encore pleuré toute la journée. Il faudrait que je la garde sans cesse dans les bras et ce n'est pas possible. En plus, elle empêche les autres enfants de s'endormir. Si cela dure, je ne sais pas si je vais pouvoir continuer à la garder* » Dans cet exemple, Mme Guy fait part de son désarroi, ce qui ne peut qu'alimenter l'inquiétude et le sentiment de culpabilité du parent. Non seulement il est impuissant car absent, mais de plus l'image qui lui est renvoyée de sa fille est complètement négative, puisqu'elle suscite un rejet de la part de l'assistante maternelle.

L'assistante maternelle aurait pu s'appuyer sur des observations concrètes du comportement de l'enfant (durée des pleurs, intensité, etc.) et aurait pu éclairer le parent sur l'accompagnement proposé à l'enfant, sur ce qu'elle a fait pour apaiser les pleurs. Visiblement cet enfant a besoin d'être contenu, et a besoin du contact physique de l'adulte. Mais, cela a des conséquences sur

GÉRER DES SITUATIONS DÉLICATES

l'accueil des autres enfants. Elle peut donc envisager de solliciter des professionnelles partenaires pour être conseillée et pouvoir poursuivre l'accueil dans de meilleures conditions.

L'assistante maternelle ne doit pas se contenter de parler du comportement de l'enfant, et surtout pas de façon répétitive et fataliste : « *Il a encore tapé les autres enfants aujourd'hui* », mais aussi valoriser les comportements de l'enfant à d'autres moments : « *Il a pris du plaisir à faire de la peinture* », « *Il riait de bon cœur avec les autres enfants quand nous avons joué avec les marionnettes.* » Sinon, le risque serait que l'enfant soit étiqueté et enfermé dans une image réductrice ; de plus, le parent ne pourra plus supporter ce discours, et pourra même le remettre en question « *Elle exagère…* »

4 La fin de contrat conflictuelle

Différents types de situations peuvent apparaître.
Par exemple, les tensions et les désaccords avec la famille sont permanents et portent sur des questions d'ordre éducatif. Ou alors l'employeur manque à ses obligations et les conditions dans lesquelles se déroule l'accueil sont conflictuelles.
Lorsque le dialogue ne parvient pas à être renoué, les conditions d'accueil de l'enfant peuvent être altérées. Mieux vaut parfois reconnaître qu'une rupture du contrat doit être envisagée.
Dans tous les cas, que l'assistante maternelle soit en position de démissionner ou qu'elle soit licenciée, elle doit, malgré les difficultés relationnelles qu'elle rencontre avec la famille, préserver autant que possible l'enfant et préparer son départ dans les meilleures conditions possibles.
Elle peut aussi être conseillée ou aidée par des associations d'assistantes maternelles ou un relais assistantes maternelles.

— L'essentiel à retenir ! —

Garder une attitude professionnelle dans la relation avec la famille suppose de maintenir une certaine distance.
Les affects entrent en jeu dans les échanges, mais il est important d'en avoir conscience, d'identifier les émotions, sentiments, qui interviennent parfois et viennent brouiller un discernement, une réflexion objective, ou perturber la communication.

Partie 4

La communication avec les partenaires

FICHE 16 — LE SERVICE DE PMI

But : *Mieux connaître les missions du service de la protection maternelle et infantile, afin de s'appuyer sur ce cadre professionnel.*

■ Qu'est-ce que la PMI ?

On désigne par PMI l'ensemble des mesures de prévention médicale, psychologique et sociale pour la santé de la future mère et de l'enfant de moins de 6 ans.

Créée par une ordonnance du 2 novembre 1945 pour lutter contre la mortalité infantile, ses objectifs ont ensuite été élargis : lutte contre la mortalité périnatale (1970), action en faveur des futures mères (1983), lutte contre les inégalités sociales et prévention des mauvais traitements (1989 puis 2007). Il a plusieurs missions dont l'agrément et le suivi des différents lieux d'accueil des enfants de moins de 6 ans.

Le service de PMI est placé sous la responsabilité du Président du conseil général. Il est dirigé par un médecin et comprend une équipe pluridisciplinaire avec des personnels qualifiés notamment dans les domaines médical, paramédical, social et psychologique.

Ainsi, vous êtes en lien avec la PMI dans différents contextes, résumés par le schéma ci-dessous.

Agréer l'assistante maternelle	Suite à une demande d'agrément, un professionnel de la PMI se rend au domicile de l'assistante maternelle afin de vérifier les conditions d'accueil (logement, environnement familial…). Depuis octobre 2009, il existe un référentiel destiné à harmoniser, sur l'ensemble du territoire national, les critères d'évaluation des services de la protection maternelle et infantile (PMI). Si toutes les conditions sont réunies, l'agrément est délivré pour une durée de 5 ans renouvelables avec obligation de formation professionnelle. Le service transmet les coordonnées des assistantes maternelles, avec leur accord, aux familles.

Contrôler suite à l'agrément → La puéricultrice se rend au domicile de l'assistante maternelle pour :
– effectuer un suivi ;
– renouveler l'agrément ;
– répondre à une demande de modification, extension, dérogation de l'agrément.
Selon le cas, les visites peuvent être planifiées ou inopinées.

L'assistante maternelle doit répondre à des obligations (voir le Code de l'action sociale et des familles-articles : R. 421-38 à R. 421-41)
– informer de toute modification des informations figurant sur le formulaire de demande d'agrément ;
– notifier un changement de résidence ;
– tenir à la disposition du service des documents relatifs à son activité professionnelle (jours et horaires d'accueil des enfants confiés) ;
– notifier en détail les nouveaux accueils et les départs définitifs d'enfants ;
– déclarer tout décès ou tout accident grave survenu à un mineur lui ayant été confié.

Soutenir, conseiller → Le service assure le suivi des pratiques professionnelles (voir le Code de l'action sociale et des familles-article L. 421-17-1).
En cas de besoin de soutien ou de conseil :

À qui s'adresser ? Au médecin de PMI, à la puéricultrice, au psychologue…

Pourquoi ? Pour demander des conseils, des précisions, une aide pour un enfant, un parent, un problème de santé, de comportement…

Comment ? Par téléphone, lors d'une visite à domicile, d'un rendez-vous sollicité à la PMI.

FICHE 16

LE SERVICE DE PMI

Ce travail en partenariat avec le service de PMI s'élabore et se construit au fil du temps et doit s'appuyer sur une confiance mutuelle. Ainsi, le service de protection maternelle et infantile pourra apporter à la professionnelle un cadre de travail sécurisant.

L'essentiel à retenir !

L'assistante maternelle sera en lien avec la PMI tout au long de sa vie professionnelle pour des raisons très diverses :
– Lors de la demande de l'agrément.
– Pour des questions de contrôle.
– En cas de besoin de soutien, de conseils.

FICHE 17 — LE RELAIS ASSISTANTES MATERNELLES

But : *Repérer les rôles et missions du RAM en tant que lieu de ressources pour l'assistante maternelle.*

1 Présentation

Les relais assistants maternels (RAM) ont été initiés par la Caisse nationale des allocations familiales (CNAF) en 1989. Ces services ne sont actuellement pas réglementés, à la différence des établissements et services d'accueil des jeunes enfants, dans la mesure où ils n'ont pas vocation directe à les accueillir. Le conseil d'administration de la CNAF en a toutefois fixé les principes et les règles de fonctionnement. Les missions et les modalités du financement des RAM sont définies par les circulaires de la CNAF LC 89-26 du 27 juin 1989, LC 92-76 du 19 novembre 1992 et LC 2001-213 du 25 septembre 2001. La loi du 27 juin 2005 réformant le statut des assistantes maternelles confère aux RAM une « identité juridique » et indique que la définition de leurs missions doit tenir compte des orientations de la commission départementale d'accueil des jeunes enfants (CDAJE).

Les missions des relais assistantes maternelles* :

- **Animer un lieu où assistantes maternelles, enfants et parents se rencontrent, s'expriment et tissent des liens sociaux.**
  Organisation :
  – de temps d'échange pour les professionnels, les familles ;
  – d'activités d'éveil ;
  – d'actions favorisant le décloisonnement entre modes d'accueil.

- **Organiser un lieu d'information, d'orientation et d'accès aux droits pour les parents, les professionnels ou les candidats à l'agrément.**
  Sous différentes formes :
  – L'information tout public
  – La mise en relation de l'offre et de la demande d'accueil
  – L'accompagnement de la fonction employeur / salarié

- **Contribuer à la professionnalisation de l'accueil individuel**

- **Participer à une fonction d'observation des conditions locales d'accueil des jeunes enfants**

*Extraits de la Circulaire CNAF n° 2001-213

Si ces missions sont une référence et encore d'actualité, on peut s'interroger sur le devenir et l'évolution du rôle des RAM qui se profile et se précise à travers des propositions de loi récentes.

Déjà en 2009, le projet de loi de financement de la sécurité sociale prévoyait pour 2010 l'élargissement du champs d'action des RAM vers l'accompagnement des professionnelles gardes d'enfants à domicile et l'information sur ce mode de garde. L'appellation RAPE (relais d'accueil petite enfance) aurait remplacé RAM. Cette mesure a été censurée par le Conseil constitutionnel du 22 décembre 2009.

Dernièrement la proposition de loi visant à diversifier l'offre de garde d'enfants et présentée en mars 2010 revient sur l'évolution de ces missions. En effet, l'article 7 transforme les relais assistants maternels en relais d'accueil de la petite enfance et les rend obligatoires pour les communes de plus de 50 000 habitants ou leurs groupements. Ils jouent le rôle de guichet unique d'information pour les familles sur les modes de garde et leur disponibilité en temps réel ainsi que pour les professionnels concernés, en cohérence avec les annonces du gouvernement sur la consultation en ligne des disponibilités des différents modes de garde sur le site www.mon-enfant.fr.

Ainsi, on peut se demander si la fréquentation du RAM ne deviendrait pas incontournable pour les parents et les assistantes maternelles, alors qu'elle est basée aujourd'hui sur une démarche volontaire.

2 Un lieu ressources pour les assistantes maternelles

La déclinaison de ces missions définit en quoi les relais assistantes maternelles peuvent être des lieux ressources pour les assistantes maternelles, leur permettent de rompre leur isolement et concourent à leur professionnalisation.

Ainsi vous pourrez bénéficier des actions mises en place par les RAM pour :
• Communiquer vos disponibilités et être mises en contact avec des familles à la recherche d'un mode de garde.
• Échanger sur votre pratique professionnelle avec d'autres professionnels de la petite enfance.
• Améliorer la qualité d'accueil des enfants :
– à travers des temps de rencontre collectifs (temps d'animation, réunions),
– en consultant des ressources documentaires,
– en partenariat avec de structures telles que médiathèque, ludothèque, crèches, écoles maternelles dans le cadre de projets spécifiques.

LE RELAIS ASSISTANTES MATERNELLES

• Avoir des informations sur la législation en vigueur et l'évolution de leur statut

La fréquentation du relais assistantes maternelles par les assistantes maternelles s'appuie sur la base du volontariat, et peut se faire de façon régulière ou ponctuelle selon les besoins de chacune.

Attention !

Les missions des RAM ne doivent pas porter préjudice aux missions spécifiques confiées au service de PMI et qui sont le contrôle, la surveillance et l'accompagnement des assistantes maternelles. Par ailleurs, le RAM ne doit pas interférer dans des relations contractuelles de droit privé entre employeur et salarié (exemple : présence ou influence à la signature du contrat entre les deux parties), mais se contenter d'informer et orienter le cas échéant vers les services compétents.

L'essentiel à retenir !

Le RAM est un lieu d'informations, d'échanges, mais aussi de socialisation pour les enfants gardés. En participant au projet du RAM, l'assistante maternelle pourra faire entendre ses attentes mais aussi être source de proposition par son investissement au sein du RAM mais plus largement aussi au regard de la collectivité.

FICHE 18 — ASSOCIATIONS ET SYNDICATS

But : *Repérer les ressources proposées par des organisations regroupant des assistantes maternelles.*

À un moment de sa vie professionnelle, une assistante maternelle peut ressentir le besoin de former ou rejoindre un groupe de pairs.
Selon votre motivation et vos objectifs, vous définirez l'organisation qui correspond le mieux à vos attentes.

Une orientation professionnelle vers les maisons d'assistantes maternelles peut être une réponse à un désir de travailler en équipe. Toutefois au vu de l'actualité récente en la matière, et du peu de recul quant à la mise en oeuvre sur le terrain de telles structures, nous avons choisi de ne pas approfondir ce sujet, et nous centrer sur les associations et les syndicats.

1 Les associations

Il existe des associations d'assistantes maternelles au niveau national, régional, mais aussi local. Selon leur implantation, leurs moyens, la volonté de leurs membres, elles pourront poursuivre des objectifs différents, et mener des actions diverses.
L'association représente un lieu ressource qui peut vous apporter :
– une meilleure connaissance de la législation en vigueur, de vos droits et devoirs, à travers la diffusion d'informations administratives et juridiques ;
– la possibilité de participer à des actions destinées à améliorer la qualité d'accueil de l'enfant à votre domicile ;
– la rencontre et le partage d'expériences avec d'autres professionnelles ;
– une reconnaissance voire une représentation auprès des pouvoirs publics ;

L'adhésion à une association amène à intégrer une dynamique, ce qui rompt l'isolement.

Pour connaître les modalités de création d'une association renseignez-vous auprès de :
– votre préfecture ou sous-préfecture ;
– sur le site internet : www.service-public.fr ;
– dans des revues spécialisées telles que : L'Assmat n° 84, décembre 2009-janvier 2010.

2 Les syndicats

Un syndicat est une organisation dont le but est de défendre les droits et les intérêts sociaux, économiques et professionnels des salariés, afin d'améliorer leurs conditions de travail.

Au niveau national, il participe au dialogue social par la négociation, la consultation ou des échanges d'informations entre l'État, les employeurs et les travailleurs sur des questions présentant un intérêt commun, relatives à la politique économique et sociale.

Il assume aussi un rôle de gestionnaire d'organismes fondamentaux pour la vie des salariés, à parité avec les organisations patronales.

En adhérant à un syndicat, vous pourrez bénéficier :
– d'une aide et d'un soutien dans la défense de vos droits ;
– d'une information sur le droit du travail et sur les devoirs et obligations des employeurs et des salariés ;
– d'outils et de fiches pratiques.

L'essentiel à retenir !

En se rapprochant de groupes de pairs, l'assistante maternelle se sentira en premier lieu moins isolée dans l'exercice de sa profession.
Quelle que soit l'organisation choisie, elle y trouvera un enrichissement, sur le plan personnel mais aussi professionnel.

FICHE 19 — LUDOTHÈQUE, MÉDIATHÈQUE, LIEUX D'ACCUEIL PARENTS-ENFANTS

But : *Repérer les différents lieux d'accueil de la petite enfance en tant que ressource et comprendre leur intérêt tant pour l'assistante maternelle que pour les enfants dont elle a la garde.*

Selon votre lieu d'habitation, vous aurez accès à différents lieux d'accueil de la petite enfance qui peuvent être des lieux d'échanges avec d'autres professionnels et/ou des lieux d'ouverture pour les enfants que vous accueillez.

Ces lieux sont :
– la ludothèque ;
– la médiathèque ;
– les lieux d'accueil enfants-parents.

Lieu	Ce qu'est ce lieu	Le fonctionnement de ce lieu
Ludothèque	C'est un équipement culturel où se pratiquent : – le jeu libre, – le prêt de jeux, – des animations autour du jeu. C'est un lieu ressource géré par les ludothécaires dont la mission est de « donner à jouer ».	**Qui est concerné ?** des personnes de tout âge. **Quel est l'intérêt d'une ludothèque ?** c'est un lieu qui permet l'expérimentation, la socialisation, l'éducation, l'intégration, l'appropriation de la culture. **Comment cela fonctionne ?** Plusieurs possibilités sont offertes dans les ludothèques : les personnes peuvent jouer librement sur place ou participer à un jeu animé, elles peuvent également emprunter des jeux. L'assistante maternelle pourra y trouver des documentations, informations, conseils sur le jeu. Certaines ludothèques proposent également des formations sur le jeu. *Se renseigner localement concernant les conditions d'emprunt (gratuit/payant), les spécificités de certaines ludothèques (ludobus…), les manifestations, les animations.* Source : association des ludothèques françaises, *www.alf-ludotheques.org*

Lieu	Ce qu'est ce lieu	Le fonctionnement de ce lieu
Médiathèque	Les médiathèques rassemblent des supports d'information correspondant aux différents médias. On y trouve : livres, revues, CD, films. Souvent les médiathèques organisent dans leurs locaux des manifestations culturelles : conférences, expositions, lectures, contes, ateliers…	**Qui est concerné ?** toute personne de tout âge. **Quel est l'intérêt d'une médiathèque ?** En tant que professionnelle de la petite enfance, vous pouvez peut-être : – bénéficier de conditions d'accès ou de prêts spécifiques ; – solliciter les bibliothécaires pour un conseil, de la formation ; – participer à des animations en partenariat avec d'autres structures petite enfance.
Lieux d'accueil parents-enfants	Historiquement, la notion de lieu d'accueil parents-enfants repose sur la « maison verte » imaginée par Françoise Dolto.	**Qui est concerné ?** Ces lieux sont ouverts aux enfants âgés de moins de six ans, accompagnés de leur(s) parent(s) ou d'un adulte familier pour participer à des temps conviviaux de jeux et d'échanges. Cet accueil est gratuit dans la plupart des lieux, dans d'autres une contribution financière symbolique peut être demandée. **Quel est l'intérêt d'un lieu parents-enfants ?** C'est un lieu qui permet : – de participer à l'éveil et à la socialisation de l'enfant ; – d'apporter un appui aux parents dans l'exercice de leur rôle par un échange avec d'autres parents ou des professionnels. **Comment cela fonctionne ?** La fréquentation d'un lieu d'accueil enfants-parents est basée sur le volontariat et le respect de l'anonymat. Des professionnels formés à l'écoute sont présents pour assurer l'accueil des familles. Ce lieu de rencontres et échanges entre parents et enfants permet à l'enfant de se familiariser avec la collectivité tout en ayant la présence rassurante de son parent ou accompagnateur.

Lieu	Ce qu'est ce lieu	Le fonctionnement de ce lieu
Lieux d'accueil parents-enfants		*Bien que ces lieux concernent plus particulièrement les parents et leurs enfants, il n'est pas exclu que les assistantes maternelles puissent y accéder avec les enfants qu'elles ont en garde avec l'accord des parents. Se renseigner localement.* Source : *www.mon-enfant.fr*

> **L'essentiel à retenir !**
>
> S'ouvrir à d'autres lieux est pour l'assistante maternelle source de richesse et d'échanges avec d'autres professionnels de la petite enfance. Ces lieux permettant une approche sécurisante de la collectivité (puisque l'enfant est accompagné par l'adulte) sont complémentaires des propositions éducatives faites au domicile de l'assistante maternelle.

CONCLUSION

Nous l'avons vu à travers cet ouvrage la communication suit un processus complexe qui implique autant l'émetteur que le récepteur, influencés par leurs valeurs respectives, mais aussi par leurs émotions, leur savoir-être et leur savoir-faire. De même, l'environnement a un impact sur la communication.

L'assistante maternelle a un statut particulier dans la mesure où elle est amenée à comprendre et se faire comprendre alors qu'elle évolue dans plusieurs registres : employée/employeur, professionnelle/parent/enfant, professionnelle/professionnelle.

Pour l'assistante maternelle, communiquer avec l'autre, c'est acquérir une certaine distance professionnelle afin de ne pas être en prise directe avec les évènements, d'en faire une lecture la plus objective possible et de ne pas se laisser envahir par ses propres émotions ou celles de l'autre.
Cette distance professionnelle s'acquiert peu à peu, au fil de l'expérience. Elle peut parfois nécessiter un regard extérieur, une aide extérieure qu'il ne faudra pas hésiter à solliciter afin de clarifier certaines situations.

Quel que soit le contexte, quelles que soient les difficultés rencontrées, il est bien évident que la priorité de l'assistante maternelle sera toujours d'agir en fonction de l'intérêt de l'enfant. Un point essentiel qu'il faudra avoir toujours en mémoire.

Dans son métier, l'assistante maternelle peut être amenée à s'interroger sur ses attitudes professionnelles. Ces questionnements permettent non seulement d'éviter une certaine routine, mais encore, tel le chercheur, d'explorer de nouvelles pistes et de trouver d'autres solutions.
Cette remise en question bien que pouvant parfois être ressentie comme épuisante, difficile, voire sans issue… reste une posture essentielle dans un tel métier relationnel où jamais rien n'est acquis définitivement.

Nous l'avons écrit à plusieurs reprises, ce métier solitaire ne doit pas être vécu dans la solitude. Des lieux existent sur un plan local, pour partager et échanger : les RAM, des groupes de paroles dans certaines PMI, des associations d'assistantes maternelles, des syndicats… Des revues spécialisées permettent d'actualiser des connaissances, d'être informé de l'évolution de la profession.

Une autre voie serait la formation continue : elle permet d'approfondir certains sujets ou d'en découvrir d'autres. Elle est aussi un lieu d'échanges entre professionnelles, de réflexion, d'interrogation de ses pratiques.

LEXIQUE

Affect : terme général désignant tout état affectif (émotion, sentiment).

Fonction symbolique : capacité d'évoquer des objets ou des situations non perçus actuellement en se servant de signes, comme le langage, ou de symboles.

Identification : processus psychique par lequel un sujet prend pour modèle une autre personne et s'identifie à elle.

Jeux phonatoires : l'enfant joue en produisant des sons.

Lallation : balbutiements du tout-petit.

Lexical : qui concerne le vocabulaire d'une langue

Organe vocal : organe qui permet la production de sons.

PMI : protection maternelle et infantile.

Projection : processus inconscient par lequel un sujet attribue à une autre personne des qualités, des tendances, des sentiments qu'il refuse ou méconnait en lui même.

RAM : Relais assistantes maternelles.

Schéma corporel : image que chacun a de son propre corps.

Syntaxique : relatif aux règles grammaticales d'une langue.

Tessiture : amplitude de la voix du son le plus grave au son le plus aigu.

Transfert : processus par lequel un sujet dirige inconsciemment vers autrui des réactions affectives qu'il aurait pu avoir vis-à-vis des personnes qui ont joué un rôle important au cours de son enfance.

Vagissement : cri de l'enfant nouveau-né.

BIBLIOGRAPHIE

▶ Ouvrages

L'Assmat, *Le Guide des assistantes maternelles-Le statut*, Martin Media, 2010.
Jardy-Masson C., *Être assistante maternelle, informations professionnelles et vie pratique*, Elsevier Masson, 2008.
Lefèvre A., Foucault-Haguenauer L., *Manuel de l'assistante maternelle*, Maloine, 2009.
Martin J., Poulib C., Falardeau I., *Le bébé en garderie*, Presse de l'Université du Québec, 2004.
Gassier J., De Saint-Sauveur C., *Le guide de la puéricultrice*, Masson, 2006.
Mucchielli R., *L'entretien de face à face dans la relation d'aide*, ESF, 2009.
Mucchielli R., *Communication et réseaux de communication*, ESF, 1999.
Schuhl C., *Vivre en crèche – Remédier aux douces violences*, Chronique sociale, 2004.
Thollon-Behar M.P, *Parents, professionnels, comment éduquer ensemble un petit enfant ?* Éditions Eres, 2005

▶ Revues

Métiers de la petite enfance n° 142 – Septembre 2008 – p. 36-37, *Prendre le temps de se dire au revoir… pour donner une véritable place aux transmissions.*
Métiers de la petite enfance n° 152 – Juillet-Août 2009 – *Dossier Le « non » de l'enfant*
L'assmat n° 83 et 90 – novembre 2009 et Juillet Août 2010 – *Fiche technique Le langage de l'enfant.*
L'assmat n° 84 – décembre 2009-Janvier 2010 – Dossier : Syndicats et associations ; « Garder des relations, une fois la période d'accueil terminée ».

▶ Sites

www.casamape.fr : site d'information professionnelle pour les assistantes maternelles.
www.info-langage.org/ : site de la fédération nationale des orthophonistes.
www.cg72/solidarite_enfancefamille_petite-enfance.asp : site du conseil général de la Sarthe, contrat d'accueil à télécharger
www.gironde.fr/cg33/jcms/c_9311/confier-son-enfant-a-une-assistante-maternelle-agreee : Assistante maternelle : un métier garant d'un accueil de qualité pour votre enfant – guide à télécharger

Notes

Notes

Notes

Des outils professionnels à votre disposition

Pour faire valoir ses droits...

Le Guide des Assistantes maternelles
Le Guide des Assistantes familiales

Des données totalement mises à jour, un plan rigoureux, une table des matières détaillée et un index très clair rendent ces outils indispensables au bon exercice de son activité. Ces deux Guides, rédigés par des juristes confirmés, constituent de véritables références, car enrichis de nombreuses questions issues du terrain.

Format : 150 x 105 mm

704 pages
576 pages

Pour être informée...

L'assmat Abonnement préférentiel

Comment imaginer travailler sans connaître ses droits et l'actualité qu'entoure sa profession ! Revue professionnelle pour les professionnelles, *L'assmat* est à vos côtés pour défendre votre statut et faciliter votre quotidien.

N'hésitez plus, abonnez-vous maintenant !

Pour ne pas me perdre ! Conservez-moi dans une Reliure *L'assmat*
Tarif pour 1 reliure : 16 €*
2 reliures : 25 €* (frais d'envoi compris)

BON DE COMMANDE

À retourner à : *L'assmat* • CDE • 10, avenue Victor-Hugo • 55800 Revigny-sur-Ornain • ▶ N° Indigo 0 825 82 63 63 • Fax 03 29 70 56 74 • www.casamape.fr

Nom .... Prénom ....

Adresse ....

Code postal |__|__|__|__|__| Ville ....

❏ **Oui**, je m'abonne à *L'assmat* pour 1 an – 10 n°s au tarif de **32 €*** au lieu de **49 €***

❏ **Oui**, je commande :
.... ex(s) du *Guide des assistantes maternelles* (Réf. ASGAM11) au tarif unitaire de **25,90 €***
.... ex(s) du *Guide des assistantes familiales* (Réf. ASGAF11) au tarif unitaire de **25,90 €***
.... ex(s) de *Reliure L'assmat* (Réf. ASREL) soit .... €*

RÈGLEMENT

❏ par chèque joint de .... €, à l'ordre de **L'assmat**
❏ par carte bancaire n° |__|__|__|__| |__|__|__|__| |__|__|__|__| |__|__|__|__|
 Date d'expiration |__|__| |__|__| CVC |__|__|__| Code vérification client
 (3 derniers chiffres du numéro figurant au verso de votre carte)

❏ Je souhaite recevoir une facture acquittée   Signature (uniquement pour C

*Tarif France métropolitaine. Autres destinations, contactez le 00 33 3 29 70 56 33

Le Mensuel de référence

des Assistantes Maternelles et des Assistantes Familiales

Grâce à **L'assmat** soyez certaine de :

- ✓ **Bénéficier** d'informations juridiques vous permettant de veiller au respect de vos droits.
- ✓ **Recevoir** la formation nécessaire au bon exercice de votre profession.
- ✓ **Partager** l'expérience professionnelle d'autres collègues.

Dans chaque numéro, retrouvez un panorama complet de l'actualité juridique et professionnelle, ainsi que de nombreux conseils et témoignages. Grâce au dossier du mois qui traite d'une question fondamentale, collectez l'essentiel des informations relatives à votre statut et recevez des conseils en toute indépendance à l'égard des partis, syndicats, associations ou confessions.

Assurez-vous de la reconnaissance de votre compétence par vos employeurs, par la parfaite maîtrise du cadre juridique d'exercice de votre profession.

Renforcez vos connaissances acquises par l'expérience grâce aux nombreux articles consacrés à l'enfant (développement, sécurité, nutrition...).

Demande de spécimen

à retourner directement sous enveloppe non affranchie à : **L'assmat**
Libre réponse – 83509 – 55800 Revigny-sur-Ornain - Fax : 03 29 70 57 44

OUI, je désire recevoir 1 numéro gratuit de **L'assmat**

MES COORDONNÉES :

Nom .... Prénom ....

Adresse ....

Code Postal ☐☐☐☐☐ Ville ....

Crédits photographiques

Couverture : Fotolia.com ;
Pages d'ouverture de parties : fotolia.com
Photo p. 72 – période adaptation enfant : Getty Images

Achevé d'imprimer en novembre 2010 par EMD S.A.S. (France)
N° éditeur : 2010/670 - Dépôt légal : novembre 2010
N° d'imprimeur : 24087